미국주식
스팩투자법

*일러두기

본 도서에 나와 있는 투자에 대한 내용은 저자의 주관적인 견해이므로, 투자에 대한 판단과 의사결정의 책임은 투자자 본인에게 있음을 알려드립니다. 또한 책에 나온 정보 및 숫자는 저자 집필 시점의 데이터를 반영하였으므로 추후 변동될 수 있으니, 투자 전 변동된 내용을 꼭 확인하시기 바랍니다. 현명한 투자로 '나의 자산'을 불리고 지켜나가길 기원합니다.

미국주식 스팩투자법

초판 1쇄 발행 2021년 7월 26일

지은이 리차드(이명진)

펴낸이 조기흠
편집이사 이홍 / **책임편집** 송병규 / **기획편집** 박종훈
마케팅 정재훈, 박태규, 김선영, 홍태형, 배태욱 / **디자인** 이창욱 / **제작** 박성우, 김정우

펴낸곳 한빛비즈(주) / **주소** 서울시 서대문구 연희로2길 62 4층
전화 02-325-5506 / **팩스** 02-326-1566
등록 2008년 1월 14일 제25100-2017-000062호

ISBN 979-11-5784-527-9 13320

이 책에 대한 의견이나 오탈자 및 잘못된 내용에 대한 수정 정보는 한빛비즈의 홈페이지나
이메일(hanbitbiz@hanbit.co.kr)로 알려주십시오. 잘못된 책은 구입하신 서점에서 교환해드립니다.
책값은 뒤표지에 표시되어 있습니다.

⌂ hanbitbiz.com 🅵 facebook.com/hanbitbiz 🅽 post.naver.com/hanbit_biz
▶ youtube.com/한빛비즈 ⓞ instagram.com/hanbitbiz

지금 하지 않으면 할 수 없는 일이 있습니다.
책으로 펴내고 싶은 아이디어나 원고를 메일(hanbitbiz@hanbit.co.kr)로 보내주세요.
한빛비즈는 여러분의 소중한 경험과 지식을 기다리고 있습니다.
저작권법에 의해 보호를 받는 저작물이므로 무단 복제 및 무단 전재를 금합니다.

미국주식 스팩투자법

리차드(이명진) 지음

한빛비즈
Hanbit Biz, Inc.

미국주식 전문 유튜브 채널
〈리차드 주식부자 연구소〉에 쏟아진
찬사와 추천의 댓글들

리차드 님은 진정 스팩의 아버지, '스버지'이십니다. ^^ 항상 감사합니다.
YN LEE**

리차드 님 댓글을 안 달 수가 없네요! 어떻게 이럴 수가 있습니까 이렇게 핵심을 잘 짚어 간결하게 내용을 잘 전해주시다니 ^^~ 아주아주 잘 보고 있습니다. 말씀 들으면서 뉴스가 시장에 어떻게 반영되는지 해석하는 법을 배우고 있어요. 영상 자주자주 올려주세요.
AI* J**

이 형님 '찐'이다! 구하기 힘든 정보를 전부 찾아서 짚어주고, 공부해서 선택하라고 요약까지 제대로 해주시네. 마지막에 급등주 광고도 없어서 너무 좋다! 눈물 나게 감사. ㅠㅠ
by do**

나만 알고 있고 싶은 최애 '보물' 유튜버인데요. 너무 유명해지고 있으세요.^^;; 이런 고급 정보를 유튜브에서 공짜로 얻을 수 있다니 우연히 한 번이라도 들으면 감탄해서 바로 구독 누르게 되는 듯요. 주린이들을 위해 좋은 정보 나눠주시고 교육해주셔서 감사드립니다.
김*정

그간 너무 바쁜 나머지 영상만 보다가 오랜만에 댓글을 작성합니다. 리차드 님 덕에 IPOE, THCB, ACTC 3종목이 대박이 터졌습니다. 특히 DA 발표가 아직인 THCB를 지난주부터 비중을 크게 담았는데 어제 대박이 났습니다. IPOE도 저점을 잘 잡아서 추매해서 지금 수익이 장난 아닙니다. 한 달 사이에 스펙계좌 수익이 개별종목 계좌의 뺨을 때리는 사건이었습니다. 정말 감사합니다. 어떻게 인사드릴 방법이 없어서 오늘 늦었지만, 후원 버튼 클릭합니다.^^
얌동황금**

제가 이런 요청은 처음 해보는데요. 스팩주 전문가이신 리차드 님이 스팩주 매수·매도 타이밍을 한번 다뤄주실 수 있을까요! 늘 10달러 인근에서 매수하라는 말씀은 잘 따르고 있는데 매도 타이밍 잡기가 너무 어려운 거 같아요. 〉_〈; 그리고 저만 알고픈 리차드 님이 유명해지니 살짝 아쉽습니다. ㅋㅋ
김*혜

스팩 박사 리차드 님, 늘 친절하게 개인적으로도 궁금한 거 다 답해주시고 인성도 진정 훌륭하십니다. 앞으로도 쭉 100만 구독자 갑시다.

모투 ***

SPAC 관련한 채널 중에서 가장 양질의 채널인 것 같습니다. 정리 잘해주셔서 잘 보고 있습니다. 스팩은 관련 정보도 부족하고 한계가 있어서 요즘, 조바심에 살짝 높게 들어가기도 했는데요. 루머로 상승 진입한다면 어느 정도 리스크를 안고 가야 하는 것 같습니다. 말씀하시는 대로 10달러대 진입이 진리인 것 같습니다. 많이 배우고 참고하고 있습니다. 감사합니다.^^

b S**

매번 '보물찾기' 영상 잘 보고 있습니다. 오프닝에 등장하는 산에서 보물이 튀어 나올 것 같아서 항상 두근거립니다. '리차드 님 영상만 기다리는 '파블로프의 멍멍이'가 되었습니다.ㅋㅋ 늘 감사합니다.

S* KIM

아주 값진 고급 정보를 공유하시는 리차드 님께 깊은 감사를 드립니다. 리차드 님께서 제공하시는 정보가 특히 주린이들에게 귀한 기회가 되리라 확신합니다. 앞으로도 계속 귀한 정보를 제공해주시기를 바랍니다.

Yo** Kim

리차드 님 덕분에 스팩을 더 많이 알게 되고! 그래서 쏠쏠한 재미를 보고 있네요~!! 스팩투자는 보물처럼 팡팡 터지는 맛에 하나 봅니다! ㅎㅎㅎ 그리고 이번에 왜 10달러 부근에서 매수에 진입하라고 강조해서 말씀하시는지 정말 뼈저리게 느꼈습니다!! 항상 좋은 정보 공유해주셔서 감사합니다!

S*

스팩주가 이렇게 재미있는지 몰랐어요. 기업을 알고, 관련 사업이 날마다 변화되는 걸 알아가는 재미가 정말 큽니다. 감사합니다.♥

바르**

확실하게 주가 방어력이 입증되었네요. 약간 '치트키' 느낌입니다. ㅋㅋㅋ 저도 씨앗 뿌리기를 일부 해보고 싶어지네요. 안정적인 목소리가 인상적입니다. ^^ 감사합니다.

여르미의 마법**점

제대로 된 한방,
스팩투자가 온다

주가 하락이 제한된 주식이 있을까? 일반적으로 주식은 고위험, 고수익 투자이다. 다시 말해 주가 움직임이 위로 향할 수도 있고 아래로 향할 수도 있는데, 어느 방향으로 어디까지 향할지 모른다는 것이다. 주가는 정치, 경제, 사회, 과학기술 및 기업 성과뿐만 아니라 투자자의 심리 등 다양한 요소들이 결합된 결과물이다. 그래서 그 누구도 주가를 100퍼센트 예측하거나 통제할 수 없기 때문에 위험을 감수해야 하는 것이다. 그리고 더 많은 수익을 얻으려면 더 큰 위험을 감수해야만 한다.

그런데 만약 주가 움직임 중에서 아래 방향으로 내려가는 것을 제한할 수 있다면 어떨까? 주가 하락에 따른 투자자의 손실은 한정적이고, 주가 상승에 따른 수익은 다 가져갈 수 있는 이런 주식투자가 있을까? 물론 있다. 이것이 바로 '바닥이 있는 주식투자'로 불리는 스팩SPAC투자이다.

코로나19로 인한 세계 각국의 경기 부양책 등으로 시장에는 유동성 자금이 넘쳐나고 있다. 이로 인해 미국 주식시장은 역대 최고가를 경신하며 코로나19 이전과는 비교할 수 없을 만큼 가파른 속도로 상승하고 있다. 눈 감고 아무 주식이나 하나 골라도 무조건 오르는 장이라는 우스갯소리도 있다. 하지만 이런 유동성 장세가 계속 유지될 수 없다는 것은 잘 알고 있을 것이다. 그리고 유동성 장세의 끝은 큰 폭의 조정이나 버블 붕괴가 일어나 많은 투자자에게 큰 피해를 줄 가능성이 매우 크다. 그래서인지 현금 비중을 높이거나, 주가 하락에 베팅하는 투자자들이 점점 많아지고 있다.

하지만 현금 비중을 높이면서 주식시장에서 발을 빼면 **포모증후군**(주가 상승 소외 공포)을 겪게 될 수 있다. 또한 주가 하락에 베팅하는 것은 유동성 장세의 끝이 언제일지 모르기 때문에 큰 손실이 발생할 수 있다. 그래서 상승장뿐만 아니라 하락장에서도 주식투자의 새로운 대안이 될 수 있는 투자가 필요하고 필자는 바로 그런

> ✏ 포모증후군
>
> 자신만 흐름을 놓치고 있는 것 같은 심각한 두려움, 또는 세상의 흐름에 자신만 제외되고 있다는 공포를 나타내는 일종의 고립 공포감을 뜻한다.

투자가 스팩투자라고 확신한다. 주가 하락이 제한되어 있기 때문에 큰 폭의 조정이나 버블 붕괴가 발생해도 손실을 최소화할 수 있고, 유동성으로 인한 상승 장세에도 계속 올라탈 수 있다.

필자는 스팩에 대한 기본적인 이해와 지식이 있다면 내 소중한 돈을 지키면서 고수익을 창출할 수 있다고 믿는다. 즉 고위험·고수익의 주식시장에서 저위험·고수익의 주식시장으로 옮겨가는 것이다. 주식투자를

처음 시작하는 분, 상승장 또는 하락장에서 **헤지**
Hedge하고 싶은 분, 그리고 내 소중한 돈을 잃지
않고 지키면서 큰 수익을 얻고 싶은 모든 분께
바닥이 있는 주식투자인 스팩에 대한 자세한 설
명을 이 책을 통해 하고자 한다.

참고로, 이 책은 국내 스팩이 아닌 미국 스팩
투자를 중점적으로 다루고 있는데, 이는 미국 스팩이 국내 스팩보다 더
매력적이기 때문이다. 인수합병 마감 기한이 3년(국내)이 아닌 2년(미국)
으로 투자 기회비용을 줄일 수 있고, 합병 성공률도 훨씬 더 높다. 가장
큰 차이는 투자자의 심장을 뛰게 할 수 있는 유니콘 기업들이 미국 시장
에 많이 존재하고 계속 탄생하기 때문에 투자자들에게 큰 수익을 가져
다줄 수 있는 기회를 지속적으로 제공해줄 수 있다.

이 책에서는 미국 스팩을 중심으로 PART 1은 스팩에 대한 기본 개요,
PART 2에서는 스팩투자 시 반드시 알아야 하는 사항들을 실제 사례 중
심으로 담았다. 마지막 파트에서는 실전 스팩투자에 도움이 될 수 있도
록 35개의 유망 스팩 종목을 선정했다. 그리고 각 장이 시작되는 곳에는
해당 장의 내용에 대해 평소 유저들이 가장 많이 질문한 내용에 대한 답
을 Q&A로 담아서 본문을 읽기 전에 독자의 궁금증을 최대한 해소할 수
있도록 하였다.

필자의 첫 책이 탄생하기까지 우여곡절이 많았다. 직장생활을 하면서
없는 시간을 쪼개서 주식투자를 공부하고 유튜브 채널을 열고 콘텐츠를

제작하는 과정이 녹록지 않았지만, 원고를 쓰고 책을 만드는 과정은 그런 모든 과정보다 훨씬 더 힘들었던 것 같다.

2021년 2월 초 한 통의 이메일을 받았다. 이메일을 받기 전까지는 책을 출간한다는 생각은 꿈도 못 꿨다. 직장생활을 마무리하는 와중이기도 했고, 유튜브를 통해 이미 많은 구독자와 만나고 있던 터라 굳이 '책을 내는 것이 무슨 효용이 있을까' 하는 생각도 들었다. 하지만 그 이메일은 내 생각을 완전히 바꿔놓았다.

유튜브의 무수히 많은 콘텐츠는 시간이 흐르면 시장 상황과 맞지 않거나, 콘텐츠를 제작한 사람의 생각이 바뀌거나, 새로운 트렌드에 밀려 예전 것이 되어 더는 사람들의 손을 타지 않게 된다. 그래서 새롭게 발생한 이슈에 대한 끊임없는 업데이트 작업이 필요하다.

이미 오래전부터 인구에 회자되는 투자 방법들은 수많은 사람의 생각을 반영하여 어떤 '원칙'이란 것이 정립되었기 때문에 다양한 변화에도 능동적인 대처가 가능하다. 하지만 '스팩투자'의 경우 이제 우리에게 막 알려지기 시작했고, 미국과 국내 투자 환경이 확연히 다르기 때문에 아직 스팩투자에 대한 개념과 원칙이 제대로 정립되어 있지 않았다. 그래서 활자매체로 표준을 만드는 작업이 필요하다는 것과 주식투자 공부를 영상만으로 하는 것은 한계가 있다는 메일 내용에 공감하게 되었다. 한마디로 '스팩투자의 표준'을 만들어보자는 제안이었다. 국내 최초로!

메일을 읽고 나서 생각해보니, 평소 〈리차드 주식부자 연구소〉에 공통으로 올라오는 댓글이 떠올랐다. 이미 콘텐츠로 수차례 다룬 내용임에도 스팩투자에 대한 기초적인 질문이 지속해서 올라왔다는 사실이다. 영상 콘텐츠의 한계라는 생각이 들었고 스팩투자에 대해 체계적으로 공부하려면 스팩투자의 개념과 투자 노하우를 정리된 한 권의 책으로 살펴야 이해가 될 것이라는 생각이 들었다. 주식투자를 비롯하여 세상만사가 누군가의 노하우를 몇 번의 곁눈질로 내 것으로 만들기는 어렵다는 것을 경험해본 사람은 알 것이다. 필자 역시 미국주식투자, 특히 스팩투자를 공부할 때 참고할만한 자료가 많지 않아서 이곳저곳을 찾아 헤매고 실전투자에서 시행착오를 겪으며 스팩투자의 원칙을 정립했다. 그래서 구독자들이 가장 많이 궁금해하고 헷갈리는 질문들에 대한 대답을 이 책을 통해 정리해보기로 했다.

그렇게 출간 작업을 시작했고 편집자와의 만남과 소통을 지속하면서 원고를 쓰고 도판을 정리했다. 필자가 운영하는 〈리차드 주식부자 연구소〉에는 "중요한 프로젝트를 진행하고 있어서 당분간 자주 콘텐츠를 올리기가 어려울 것 같습니다"라는 공지도 올렸다. 인고의 시간이 흘러 그 중요한 프로젝트의 결과물을 통해 독자와 만나게 되어 아주 반갑고, 정말 고맙다.

한 통의 이메일을 보내주고 책의 시작과 끝의 모든 과정을 함께해준 담당편집자 송병규 과장님과 딱딱하기 그지없는 글을 매끈하게 만져주신 정은아 실장님, 글과 표로 점철되어 일견 난해해 보일 수 있는 보고서 느낌의 초고를 한눈에 이해되는 인포그래픽으로 구현하자고 먼저 제안해주시고 도맡아 작업해주신 이창욱 디자인 실장님께 감사드린다. 이 모든 과정을 인내하며 기다려주신 한빛비즈 출판사에도 고마운 마음을 전하고 싶다.

무엇보다 갑작스럽게 책을 내겠다고 나선 남편을 이해해주고 육아와 가정을 책임지느라 바쁜 와중에도 응원과 격려를 아끼지 않았던 아내에게 고맙고 사랑한다는 말을 전하고 싶다. 그리고 옹알이하면서 아빠를 찾아도 원고 작업을 핑계로 자주 놀아주지 못한 아들 예찬이에게 앞으로 아낌없이 놀아주겠다는 다짐을 전한다.

끝으로 '스팩'이라는 두 글자에 이끌려 이 책을 펼친 독자에게 감사의 마음을 담아서 당부의 말을 전하고 싶다.

"이 책은 스팩투자의 매력을 하나하나 그러모아 담은 선물 같은 책입니다. 하지만 이 선물은 당신이 이 책을 통해 알게 된 스팩투자의 원칙을 실전투자를 통해 갈고 닦아서 내 것으로 만들었을 때 비로소 받게 되는 선물입니다. 부디 과한 욕심과 조급한 마음을 멀리하고 스팩주의 옥석을 가리는 신중한 마음과 매수·매도의 타이밍을 놓치지 않는 발 빠르고 현명한 투자를 하기 바랍니다. 건투를 빕니다!"

성공한 주식투자자는
자신의 감정을
다스리는 법을 안다

2020년은 제게 뜻깊은 한해였습니다. 인도네시아 노보텔 보고르 골프 리조트와 이비스 스타일스 보고르 라야의 총지배인으로 일하면서 유튜브 채널 〈미국 주식으로 은퇴하기〉에서 다뤘던 내용을 《미국 주식으로 은퇴하기》라는 책으로 출간했고 이 책을 통해 많은 독자와 만날 수 있었습니다.

직장인으로서, 유튜버로서, 저자로서, 가장으로서 바쁜 삶을 이어가느라 분주하던 2020년 9월 무렵에 우연히 보게 되었던 뉴스가 있습니다. 바로 미국의 전기차 충전소 회사 '차지포인트Charge Point'가 스팩 'SBE'와의 인수합병으로 상장한다는 소식이었습니다. 하는 일이 워낙 많아서 미국주식 관련 채널을 굳이 따로 찾아보지 않던 터이지만, 제가 바쁜 와중에도 꼭 시간을 내어 살펴보던 〈리차드 주식부자 연구소〉에서 전해준 뉴스이기 때문에 무시할 수 없었습니다. 곧바로 차지포인트에 관한 정보를 찾아보고 제 투자 포트폴리오에 편입하였습니다.

그 결과, 차지포인트는 지금 저의 포트폴리오에서도 비중 있는 종목이 되어주었고, 10년 후 저를 부자로 만들어줄 든든한 자산이자 미래를 기약하는 꿈나무가 되어 무럭무럭 자라고 있습니다.

 '미주은('미국 주식으로 부자되기' 유튜브 채널명)' 채널에서 구독자 15만 달성 기념으로 제가 근무하고 있는 호텔에서 강연했던 영상을 소개해드린 적이 있습니다. 주제는 '행복에 대하여'였습니다. 행복은 감정이고, 감정은 두 가지 특성이 있다는 내용이었습니다. 감정은 '자극에서 시작된다'는 것과 '지속되지 않는다'는 것입니다. 제가 말단 종업원에서 호텔의 총지배인이 되기까지 겪었던 일들을 통해 생각해봤던 주제였습니다.

 그런데 재미있게도 감정의 두 가지 특성은 주식투자자에게서도 나타납니다. 주식투자에 입문하는 많은 사람이 친구, 동료, 이웃 중 누군가가 주식투자로 부자가 되었다는 말을 듣고 무턱대고 시기와 질투의 감정에 사로잡혀 주식투자에 입문합니다. 그리고 열심히 정보를 탐색하고 마침내 숨겨진 황금을 발견한 것처럼 어떤 종목을 알게 되면 어렵게 번 돈을 주저 없이 투자합니다.

 그렇게 투자한 종목이 운 좋게 주가가 오르게 되면 정말 운이 나쁜 투자자의 길을 걷게 됩니다. 왜냐하면 주가가 오른 이유가 자신의 투자 감각이 좋았기 때문이라고 생각하기 때문입니다. 그래서 투자에 더 과감해집니다. 종목을 분석하는 시간은 줄어들고 투자하는 자금은 더 커지게 됩니다. 시장 상황이 좋을 때는 이런 투자방식이 상승장의 기류를 타고 흘러갈 수 있지만, 시장이 경색되고 주가가 하락하기 시작할 때는 아무런 대책 없이 바닥을 향한 하강을 하게 됩니다. 자신의 투자 성공이 지속되지 않을 수 있다고 생각하지 못한 대가를 톡톡히 치르게 되는 것입니다.

나를 불행하게 하는 주식투자는 감정과 비슷합니다. 자극에서 시작되고 지속될 것이라는 환상을 갖게 됩니다. 누군가의 투자 성공에 자극받아서 시작한 주식투자는 '한방에 빨리 돈 벌고 싶다'라는 탐욕에 빠져서 '묻지마 투자'를 하게 만들고, 실패한 투자를 '사소한 실수'로 착각하게 만들고, 다음에는 복구할 수 있다는 망상에 빠지게 만듭니다. 이런 투자는 결코 당신을 행복하게 만들어주지 못합니다. 자극을 좇다 보면 더 큰 자극을 찾게 되고, 그 자극은 내 행복의 지속을 방해하는 위험한 자극일 확률이 높습니다.

그럼, 나를 행복하게 만드는 주식투자는 무얼까요? 공부하는 투자입니다. 시간과 노력을 들여서 기본부터 착실히 쌓아나가는 투자입니다. 이런 투자 공부야말로 실패를 통해 배우고 성장할 수 있는 투자자를 만듭니다.

우리는 이 책《미국주식 스팩투자법》에서 스팩투자에 대해 배우게 될 것입니다. 누군가는 더 큰 자극을 찾아서 이 책을 펼쳤을 수도 있습니다. 그러나 제가 본 이 책의 본질에 대한 이야기를 들어보시고 자극이 아닌 축적의 시간으로 이 책을 읽어나가길 기원합니다.

이 책의 추천사 의뢰를 수락하고 저자의 초고를 받았을 때는 솔직히 바쁜 와중에 시간을 내어 원고를 읽어야 한다는 부담감에 '괜히 수락했나?'하는 생각도 들었습니다. 하지만 저녁 식사를 마치고 '딱 1시간만 읽어 보자'는 생각으로 읽기 시작한 원고는 마지막 페이지를 다 넘기고 나서야 손을 뗄 수 있었습니다. 하룻밤 만에 원고를 독파하면서 많은 생각을 했습니다. '아니, 이번이 첫 책이라고 들었는데 어떻게 이 저자는 이렇게 쉽게 이해되도록 썼지'라는 생각도 들었고, 어려운 부분을 쉽게 풀어내기 위해 그려 넣은 표와 인포그래픽은 마치 저자가 내 앞에 찾아와서 프레젠테이션해주는 느낌마저 들었습니다.

저 역시 첫 책을 출간하기 위해 숱한 밤을 지새우고, 이미 완성한 원고를 고치고 또 고치는 작업을 반복했습니다. 원고를 읽으면서 이 책의 저자는 '장고한 시간과 위대한 노력을 기울였겠구나'라는 생각이 들었습니다.

특히, 스팩SPAC투자라는 우리에게 생소한 투자법을 공부할 때 이런 책이 존재한다는 것이 얼마나 다행이냐는 생각이 들었습니다. 스팩은 국내와 미국이 투자환경이 확연히 다르고 스팩에 대한 관심과 공부가 시작된 지 그리 오래되지 않았기 때문에 어떤 기준과 원칙 없이 루머와 뉴스, 정보에만 의지해서 감각적으로 지르는 투자를 하게 될 위험이 큽니다.

그래서 큰돈을 벌 수 있다는 욕심과 기대에 의지해 감정에 휘둘려 스팩투자에 입문하지 않았으면 합니다. 이 책을 읽으면서 차분히 스팩투자의 핵심 내용을 공부하면서 저자가 제시한 상장 단계별 투자전략과 스팩회사에 대한 분석을 살펴 성장 가능성이 큰 종목을 발굴하고 최적의 투자 시점은 언제인지를 스스로 판단하고 깨우쳐 나갔으면 합니다.

변동성이 큰 시장에서 길을 잃지 않고 나아가려면 자신만의 투자 원칙을 가지고 있어야 합니다. 이 책이 미국주식, 그중에서도 스팩투자에 대한 당신의 투자 원칙을 정립하는 데 디딤돌이 되길 바랍니다.

인도네시아에서 최철(미주은)

✦ PART 1   미국 스팩이 온다!

✦ PART 2   주린이도 돈 버는 미국주식 스팩투자법

TO THE MOON

◆ **PART 3** 황금어장! 섹터별 보물 스팩주 TOP 35

PART

1

미국
스팩이 온다!

INTRO

최근 '스팩', '스팩투자'라는 용어를 TV나 신문에서 심심찮게 볼 수 있다. '바닥이 있는 주식투자'로 로우 리스크–하이 리턴(Low Risk–High Return)'이라고 얘기하는데 정확히 스팩이 뭔지도 잘 모르겠고 어렵게 느껴져 투자하기 망설여진다. 이것은 낯설고 익숙하지 않은 것에 대한 당연한 반응이라고 생각한다.

1장에서는 스팩의 정의, 스팩으로 돈이 몰리는 이유 및 스팩의 장단점을 담았다. 스팩에 대한 기본 개요를 이해하게 된다면 스팩투자에 대한 망설임 또는 막연한 두려움보다는 돈을 잃지 않으면서 돈을 벌 수 있다는 기대감이 생기기 시작할 것이다. 이번 장에서 소개할 내용 중 가장 많이 질문받은 내용을 Q&A로 정리했는데, 이 내용을 먼저 읽고 본문을 본다면 이해가 더 빠를 것이다.

Q 스팩주는 어디서 사나요?

A 기존 거래하던 미국 일반주식과 동일한 방식으로 증권사 홈트레이딩시스템 HTS 또는 모바일트레이딩시스템MTS을 통해 매수·매도하면 됩니다.

Q 스팩주는 최근에 생긴 건가요?

A 미국 최초로 스팩을 통한 인수합병은 1993년 얼리버드 캐피털Early BirdCapital 창업자인 데이비드 누스바움David Nussbaum에 의해 진행되었습니다. 그리고 유럽에서는 최초로 2007년 판유럽피언 호텔 어퀴지션Pan-European Hotel Acquisition Company N.V.이 1억 1,000만 유로 규모의 스팩을 상장했습니다.

Q 공모가는 무조건 10달러인가요?

A 6달러, 8달러, 10달러, 20달러 등 다양한 공모가가 있을 수 있습니다. 그러나 최근 상장되는 거의 모든 스팩주의 공모가는 10달러입니다.

Q 스팩은 원금이 보장된다고 하는데 무슨 의미인가요?

A 합병 실패 등으로 스팩이 상장폐지 되더라도 공모가 수준에서 반환을 받습니다. 또한, 인수합병 최종 승인 투표일 전 정해진 기간에 주식상환권리 행사를 통해서도 돌려받을 수 있습니다. 이렇게 공모가 수준에서 돌려받는 장치가 있기 때문에 시장에서는 원금이 보장된다고 얘기합니다.

Q 원금이 보장된다고 하는데 위험이 전혀 없는 건가요?

A 원금은 매수가격이 아닌 공모가를 지칭하며, 합병 실패 시 공모가 수준으로 반환된다는 의미입니다. 그래서 '매수가격 − 공모가격' 차이만큼의 위험은 존재하기 때문에 공모가 인근 매수를 권장합니다.

Q 주가가 공모가 아래로 내려오면 무조건 사야 되는 거 아닌가요?

A 손실 발생 가능성이 거의 없어진다는 것이 유망한 기업을 찾는 것을 보장하지는 않습니다. 그래서 공모가 아래로 내려온 주가뿐만 아니라 좋은 기업을 찾을 수 있는 유망 스팩주를 매수해야 합니다.

Q 공모가 인근에 사서 그냥 오랫동안 묻어놓으면 어떨까요?

A 최종 합병 이후부터는 일반주식과 똑같아져서 공모가 아래로 내려갈 수 있습니다. 인수합병 대상 기업이 정해지면 기업을 평가한 후 장기 보유할지 매도할지를 판단해야 합니다.

Q 2년 동안 기다리는 게 너무 힘들지 않을까요?

A 스팩 상장 후 2년 내에 인수합병을 완료해야 한다는 것이지 무조건 2년 동안 기다려야 한다는 것은 아닙니다. 최근에는 2~3개월 만에 인수합병 대상 기업을 찾는 스팩들도 나오고 있어, 스팩에 따라 투자자들이 기다리는 시간이 많이 줄어들 수도 있습니다.

Q 국내에도 스팩주가 있나요?

A 국내에서는 중소기업의 신속한 자금조달 등을 위해 2009년 12월부터 기업인수목적회사 관련 자본시장법 시행령의 개정령이 공포 시행되면서 스팩 설립이 허용됐습니다. 한국 최초의 스팩은 2010년 대우증권의 '그린코리아SPAC'입니다.

Q 국내 스팩의 주당 공모가는 얼마인가요?

A 미국의 경우 대다수 10달러인 것처럼 국내 스팩은 2,000원으로 보면 됩니다.

Q 국내 스팩들의 명칭은 왜 다 비슷해 보이나요?

A '삼성 스팩 2호'처럼 '증권사 이름＋스팩＋순서(번호)'로 표기가 되고 있습니다. 그래서 스팩 간 구별이 어려울 수 있고, 미국 스팩인 스포츠 엔터테인먼트 어 퀴지션Sports Entertainment Acquisition Corp처럼 스팩의 성격을 명칭으로 확인하는 것이 어렵습니다.

Q 국내 스팩의 상장 규모는 어느 정도인가요?

A 스팩 최저 자본금 요건이 100억 원에서 30억 원으로 낮아졌고, 소형화 추세로 일반적으로 50억~150억 원 수준입니다. 참고로 1,000억 원을 넘는 스팩은 아직까지 없습니다.

Q 현재 상장된 국내 스팩 수는 어느 정도인가요?

A 약 50여 개의 스팩이 상장되어 있습니다. 상대적으로 투자할 스팩을 선택하는 게 쉬울 수 있지만, 반대로 선택의 폭이 넓지 않을 수 있습니다.

Q 국내 스팩의 합병 성공률은 어느 정도인가요?

A 국내 스팩의 합병 성공률은 약 50% 수준으로 알려져 있습니다.

Q 국내 스팩의 합병 마감기한은 동일하게 2년인가요?

A 아닙니다. 국내 스팩의 경우는 3년으로 미국 스팩 대비 1년이 더 깁니다.

Q 국내 스팩도 투자하고 있나요?

A 아직 하고 있지 않습니다. 국내 스팩이 나쁘다기보다는 미국 스팩이 더 매력적이기 때문입니다. 미국 스팩이 상대적으로 유망 스팩을 찾아내는 기준과 스토리가 많고, 기다리는 시간이 1년 더 짧으면서 합병 성공률이 높습니다. 그리고 투자자의 심장을 뛰게 하는 매력적인 인수합병 대상 기업이 상대적으로 많습니다.

Q 국내 스팩은 공모 청약을 하는 것 같던데요?

A 미국 스팩과 달리, 국내 스팩의 경우는 개인 투자자들이 공모 청약을 할 수 있습니다. 다만, 일반 공모주 청약과 다르게 청약증거금 비율은 50%가 아닌 100%입니다.

스팩 황제주 루시드모터스는
제2의 테슬라가 될 수 있을까?

2020년 하반기 미국 증권가는 스팩 열풍에 휩싸였다. 코로나19 팬데믹으로 출렁이는 주식시장에서 참패한 투자자들에게 새로운 투자 대안으로 급부상했고, 2021년 들어서는 비트코인 신드롬에 휩쓸렸다가 실망한 투자자들에게 고수익 창출이 가능한 투자법으로 스팩투자가 주목받고 있다.

스팩투자는 성장주를 찾는 투자자들에게 '로우 리스크, 하이 리턴', '망하지 않는 유일한 주식투자법', '고수익으로 가는 마지막 황금열차'로 불리고 있다. 그런 인기를 반영하듯이 스팩이 인수합병 루머/소식이 있거나 미래 성장 가능성이 유망한 기업과 인수합병 소식이 알려지면 주가가 크게 뛰고 있다.

필자가 운영하고 있는 유튜브 채널(리차드 주식부자 연구소)에서는 스팩 상장 가능성이 큰 기업들을 발굴해서 소개하고 있는데, 그중에서도 '테슬라 대항마, 테슬라 부사장이 만든 루시드에어' 콘텐츠는 조회 수 40만 회를 돌파할 정도로 인기가 높았다.

루시드모터스의 전신은 전 테슬라 임원 버나드 체Bernard Tse와 전 오라클 임원 샘 윙Sam Weng이 2007년도에 설립한 자동차 배터리 및 파워 트레인 제조업체인 아티에바Atieva이다. 이후 럭셔리 전기차 개발을 위해 테슬라 엔지니어링 부사장 출신 피터 롤린슨 등 전 테슬라 출신 8명이 회사의 주요 경영진에 배치되었고, 사명도 루시드모터스로 리브랜딩되었다. 다시 말해, 아티에바의 기술력에 테슬라를 성장시킨 주요 맨파워가 결합된 것이다. 루시드모터스의 첫 전기차인 럭셔리 대형 세단 루시드에어는 2021년 하반기 출시를 앞두고 있고, 업계에서는 차량 자체의 성능 측면에서 테슬라보다 앞선다는 평가까지 나오고 있다.

최고 속도는 시속 168마일(270km/h)이고 주행거리는 1회 충전으로 517마일(832km)에 달한다. 이는 전 세계에서 주행거리가 가장 긴 차이며 테슬라 모델 S보다 115마일(185km)나 더 운행이 가능한 것이다. 그리고 분당 약 32km을 주행할 수 있는 전력이 충전된다고 하는데, 이는 현재 출시된 전기 자동차 중에서 가장 빠른 속도이다. 물론, 향후 테슬라의 신차 모델의 사양이 루시드에어와 비슷하거나 더 좋아질 수도 있지만 여기서 말하고자 하는 바는 루시드모터스가 '제2의 테슬라', '테슬라의 대항마'로 불릴 만큼 우수한 기술력을 갖추고 있다는 것이다.

올해 1월 11일 블룸버그발로 루시드모터스가 시티그룹의 전 최고경영자인 마이클 클레인이 이끄는 스팩 처칠 캐피털 IVChurchill Capital IV(이하 'CCIV')을 통해 상장 논의 중이라는 루머/뉴스 보도가 있었고, 시장의 반응은 폭발적이었다. 당시 주가는 10달러 인근에 있었는데, 이후 2021년 2월 22일 루시드모터스를 인수합병한다는 공식 발표 당일 종가는 57.37

달러까지 상승했다. 짧은 기간 동안 공모가 대비 무려 5.7배나 상승하는 엄청난 폭발력을 보여준 것이다. 이 정도의 폭발력은 기존 일반 성장주에서도 찾아보기 힘든 모습이다.

현재 주가는 22.97달러(2021년 4월 9일)로 인수합병 발표 이후 하락하는 2단계 패턴을 따르고 있고, 합병 발표 후 합병 승인까지 3~5개월이 소요되기 때문에 2021년 5월 말~7월 말 사이에 최종 합병이 완료될 것으로 보인다. 그리고 최종 합병 승인 투표일이 다가올수록 합병에 대한 기대감으로 주가는 다시 상승하기 시작할 것으로 예상한다.

블룸버그발 뉴스 보도전인 2021년 1월 4일 유튜브 채널에서 '[美 자산운용사] 포트폴리오 리밸런싱(운용하는 자산의 편입 비중을 재조정) 때 가장 많이 담은 스팩주!' 영상을 통해 CCIV를 소개한 적이 있는데 당시 주가는 9.96달러였고, 필자 또한 10.04달러에 매수했다. 만약 CCIV를 10달러 인근에서 1단계 투자를 했다면 합병 발표 기대감에 주가가 5.7배 상승하는 동안 차익 실현을 했거나, 루시드모터스의 미래에 장기투자를 결정한 투자자들은 현 시점에서 약 130%의 수익률을 확보한 상태에서 루시드모터스가 최종 상장되길 편안한 마음으로 기다리고 있을 것이다.

루시드모터스는 과연 제2의 테슬라가 될 수 있을까? 결과는 최종 합병 승인 후 **티커**명이 'CCIV'에서 'LCID'로 전환된 이후 루시드모터스의 비즈니스 실적과 주가를 추적 관찰해야 확인할 수

✎ 티커(Ticker)
티커란 주식에 부여된 특정한 코드로, 증시에 등록된 해당 기업 종목의 약어이다. 미국의 경우 상장된 종목은 기업의 약자로 검색해야 한다.

있을 것이다. 테슬라가 상장 이후 현재(2021년 4월 9일)의 시가총액 6,520억 달러(717조원)에 이르는데 걸린 시간은 10년이다. 루시드모터스는 공모가 기준 시가총액 160억 달러(17조 6,000억 원)로 합의(2021년 2월 22일)된 이후 46일 만에 367억 달러(40조 4,000억 원)가 되었다. 한 달이 조금 넘는 기간 동안 몸값이 22조 원 이상 뛴 것이다.

지금 미국주식에 투자하는 사람이라면, 고점에 올라 10주도 못 사는 우량주와 미래 성장 가능성이 큰 스팩 성장주 중에 어떤 주식에 투자해야 고수익 실현이 가능할까? 현명하게 판단하고 냉철하게 투자해야 할 시점이다.

지금의 미국주식시장은 코로나19 이후의 시장에서 선도할 종목들을 찾아 이미 투자를 마친 상황이다. 변동성이 높아지는 시장에서 투자

인수합병 발표로 주가 상승한 스팩주

스팩티커	인수합병 대상 기업	합병 발표		
		일자	주가	수익률
STPK	스템	2020년 12월 4일	17.01달러	70%
IPOE	소파이	2021년 1월 7일	19.14달러	91%
CLII	이브이고	2021년 1월 22일	22달러	120%
LACQ	엔시스 바이오싸이언스	2021년 2월 1일	23.99달러	140%
CCIV	루시드모터스	2021년 2월 22일	57.37달러	474%
RSVA	이노빅스	2021년 2월 22일	20.08달러	101%
FTCV	이토르	2021년 3월 16일	15.29달러	53%
RICE	아리아&아키아 에너지	2021년 4월 8일	15.32달러	53%

자들은 애플, 아마존, 구글, 테슬라 등 기존의 미국 성장주들이 보여줬던 높은 주가 상승을 다시 보여줄 수 있는 새로운 성장주를 갈구하고 있다고 생각된다. 이런 상황에서 스팩은 매우 좋은 투자처이다. 스팩 CCIV 뿐만 아니라 많은 스팩이 성장성이 유망한 기업과의 인수합병 발표만으로 주가가 공모가 대비 50%, 100%, 200% 이상 상승하는 모습을 보여주고 있다.

물론, 조정장/하락장 등 시장 상황에 따라 인수합병 발표를 하더라도 주가가 크게 변동하지 않는 경우도 있다. 그렇지만 인수합병 대상 기업의 실적이 받쳐주고, 저평가되어 있다면 최종 합병 전후로 주가가 크게 상승하는 모습을 보인다. 예를 들어 플레이보이를 인수합병하는 스팩 PLBY의 경우, 인수합병 발표 당시 10.73달러(2020년 12월 10일)로 주가가 크게 상승하지 않았다. 하지만 매출 및 이익 관련 실적이 우수하고 기업 가치 측면에서 저평가되어 있었기 때문에 주가는 2021년 4월 9일 현재 공모가 대비 약 2.6배 상승한 25.84달러까지 우상향했다. 이 역시 짧은 기간 동안 엄청난 주가 상승을 보여준 또 다른 사례이다.

이렇게 스팩주는 일반주 대비 엄청난 폭발력을 가지고 있을 뿐만 아니라, 공모가 10달러라는 안전장치까지 보유하고 있어 주가 하락마저 제한된다. 주가 하락은 제한되고 주가 상승은 열려 있는 주식을 본 적이 있는가? 단언컨대 없을 것이다.

돈을 잃지 않으면서 큰돈을 벌 수 있는 스팩투자의 세계에 들어온 것을 진심으로 환영한다!

스팩이
도대체 뭐길래?

스팩SPAC은 'Special Purpose Acquisition Company'의 약자로 '기업 인수목적회사'다. 기업 인수만을 목적으로 하기 때문에 실제 사업체가 없어 직원도 없고, 사무실도 없다. 그래서 페이퍼컴퍼니Paper Company, 백지 수표회사Blank-Check Company 또는 껍데기회사라고 해서 쉘컴퍼니Shell Company 라고도 불린다. 하지만 우리가 알고 있는 나쁜 의미의 유령회사와는 다른 개념으로 유망한 기업을 찾아 인수합병을 통해 해당 기업을 상장시키기 위해 실제로 존재하는 회사이다.

스팩의 정의만 보면 딱딱해서 잘 이해가 되지 않을 것이다. 스팩회사 최고경영자 리차드 막스와 투자자 케니 저 두 사람의 대화를 보면서 좀 더 쉽게 이해해보자.

한 주를 시작하는 월요일. 직장인들이 저마다 자리에서 업무로 분주한 가운데, 통유리로 안이 시원하게 보이는 회의실안 테이블을 마주하고 두 남자가 진지하게 대화를 나누고 있다.

🧑 리차드 막스　이번에 제가 나스닥에 페이퍼컴퍼니를 상장하려고 하는데 투자 한번 해보실래요?

🧑 케니 저　와, 나스닥에요? 대단합니다. 그런데 페이퍼컴퍼니로 상장을 한다고요?

🧑 리차드 막스　네, 페이퍼컴퍼니를 먼저 상장하고, 유망한 비상장기업을 찾아 합병할 겁니다.

🧑 케니 저　아, 전통적인 기업공개(IPO) 방식은 아니고 먼저 페이퍼컴퍼니를 상장시켜 놓고 비상장회사를 인수해서 상장기업으로 만든다는 거죠?

🧑 리차드 막스　네, 맞습니다. 역시 스마트하시네요.

🧑 케니 저　하하, 아닙니다. 그런데 기업을 찾는 데 얼마나 걸릴까요?

🧑 리차드 막스　평소 유망한 기업들을 많이 알고 있어서 오래 걸리지는 않을 겁니다.

🧑 케니 저　업계에서 워낙 유명한 분이라 의심하진 않지만 혹시 기업을 못 찾고 상장폐지 될수도 있지 않을까요? 이런 질문을 드리니 괜히 죄송하네요.

🧑 리차드 막스　아닙니다. 투자할 때는 항상 리스크를 고려해야죠. 그래서 투자자들이 이런 걱정을 하지 않도록 원금 보장(공모가 10달러)과 이자 지급을 할 예정입니다.

케니 저   합병 실패 시 원금 보장에 이자까지요?

리차드 막스   네, 그리고 투자금은 신탁계정에 예치돼서 신규 기업 인수 또는 합병 실패 시 투자금 반환을 위해서만 활용되니 추가적인 걱정은 접어두셔도 됩니다.

케니 저   오, 그렇군요. 정리해보면 공모가가 보장되니 10달러 또는 10달러 인근에서 매수하면 손실이 없거나 투자 리스크가 낮고, 유망한 기업을 합병하면 큰 수익을 얻을 수 있겠네요.

리차드 막스   네, 맞습니다. 그리고 페이퍼컴퍼니는 상장되어 있으니, 중간에 주식 매매를 통해 현금화할 수도 있습니다.

케니 저   와, 이런 투자가 있는지 전혀 몰랐네요.

리차드 막스   네, 이것이 바로 '바닥이 있는 주식투자'로 불리는 '스팩'입니다.

두 사람의 가상 대화만으로 스팩을 100% 설명하는 것은 불가능하지만, 스팩이 무엇인지에 대한 대략적인 느낌을 받았다면 훌륭한 시작이라고 생각한다. 앞으로 대화에 나온 내용들을 설명할 것이고, 다양한 사례를 통해 쉽게 접근해볼 것이다.

스팩으로
돈이 몰리는 이유

미국 비상장기업이 기업공개를 하는 대표적인 방법은 우리가 흔히 말하는 기업공개와 **직상장**이 있다. 리서치 업체 팩트셋FactSet에 따르면 미국의 기업공개 시장 규모는 2020년 191조 원이었다.

그런데 놀랍게도 2020년에 스팩 상장이 차지하는 비중이 무려 약 50%(91조 원)로 크게 성장했다. 이를 두고 글로벌 투자은행 골드만삭스는 '2020년의 역사적인 스팩 붐은 유행 그 이상이다'라며 스팩 상장이 기업공개 시장에서 하나의 대세임을 인정했다. 그리고 더욱 놀라운 사실은 2021년 3월 기준 스팩 공모는 296건이고, 공모 금액은 106조 원으로 3개월 만에 2020년 수준을 이미 뛰어넘고 있다는 것이다.

> **✏️ 직상장**
>
> 기업이 일반 투자자에게 주식을 공모하는 기업공개 절차를 거치지 않고 증권거래소에 바로 상장하는 것을 말한다.

다시 말해 엄청난 돈이 스팩으로 몰리고 있다는 것이다. 불과 1년 전까지만 해도 스팩 상장은 전통적인 기업공개 시장에서 한 축까지는 되지 못했다. 그렇다면 이렇게 짧은 기간 동안 스팩 상장이 어떻게 기업공

단위: 건

스팩 상장 건수

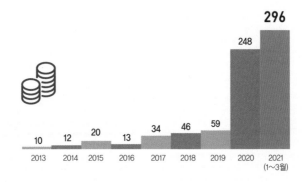

10	12	20	13	34	46	59	248	**296**
2013	2014	2015	2016	2017	2018	2019	2020	2021 (1~3월)

단위: 억 달러

스팩 공모 금액

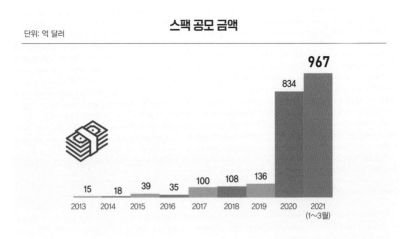

15	18	39	35	100	108	136	834	**967**
2013	2014	2015	2016	2017	2018	2019	2020	2021 (1~3월)

(출처: 스팩인사이더)

개 시장에서 대세로 자리를 잡을 수 있었을까?

주요 이유는 2020년 초 코로나19 바이러스로 전통적인 기업공개 시장이 크게 위축되었기 때문이고, 이에 대한 대안으로 스팩 상장이 급부상했다.

기업 입장에서는 전통적인 기업공개보다 신속하고 편리하게 상장할 수 있다. 전통 기업공개는 까다로운 상장 조건을 충족해야 하고, 상장하려면 2~3년 정도가 소요된다. 그만큼 시간, 노력 및 비용이 많이 발생하는 것이다. 예를 들어 투자자들을 모으기 위해 로드쇼도 해야 하고, 기관투자자 등 다양한 이해관계자와 협상해야 한다. 그리고 기업가치평가도 쉽지 않다. 만약 상장 시점에서 주식시장이 좋지 않을 경우, 공모가가 낮아져 계획했던 자금 조달이 어려워질 수 있다. 하지만 스팩은 이미 상장되었기 때문에 주식시장 상황과 상관없이 스팩회사와 인수합병 기업 간에 상장 조건 협상과 계약 체결만으로 상대적으로 쉽게 상장된다. 다시 말해, 기업이 스팩회사와의 협상과 계약 체결을 빠르게 진행한다면 3~5개월 만에 상장되어 자금을 조달할 수 있는 것이다. 그래서 스팩 상장은 기업들에게 전통적인 기업공개의 대안이자 **패스트 트랙**Fast-Track(지름길)이다.

> ✏️ 패스트 트랙
> '목표를 달성하기 위한 빠른 길'이라는 영어 표현으로 일을 신속하게 처리하기 위한 절차를 말한다.

투자자 입장에서는 청약 절차 없이 기업공개 시장에 참여할 수 있다. 그래서 청약 증거금도 필요 없고, 매수 금액에도 제약이 없어 소액으로도 투자가 가능하다. 그리고 이미 상장되어 있기 때문에 환금성이 뛰어나다. 또한 대상 기업의 인수합병 승인 의사결정에 참여할 수도 있다. 법적으로 공모된 자금은 금융기관에 예치되기 때문에 스팩이 인수합병 실패로 청산되더라도 공모가 수준의 금액이 보장되므로 투자금이 휴짓조각이 되는 일은 없다. 그리고 유망한 기업과 합병하게 되면 큰 수이을 기대할 수 있다. 그래서 스팩 상장은 일반 투자자들에게 전통적인 기업공개의 대체투자로서 기회를 제공한다.

스팩은 코로나19로 인한 기업공개 시장의 위축이라는 대외 환경 속에서 기업에게는 전통적인 기업공개의 문턱을 낮춰주고, 투자자에게는 기업공개 시장에 쉽게 접근할 수 있는 기회를 제공하면서 크게 성장하고 있다.

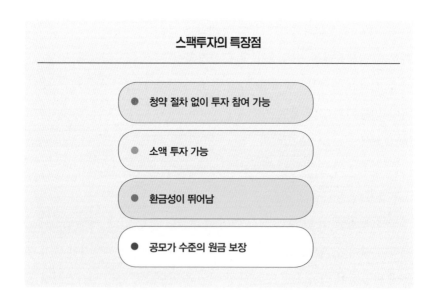

스팩투자의 특장점

- 청약 절차 없이 투자 참여 가능
- 소액 투자 가능
- 환금성이 뛰어남
- 공모가 수준의 원금 보장

상대비교!
스팩투자의 매력

스팩은 상장되어 있기 때문에 기존 주식시장에서 매매하는 일반 주식(이하 '일반주')과 동일하게 자유로운 거래가 가능하다. 그리고 종목 명칭 등에도 따로 스팩이라고 표시하여 구분되지 않아 표면적으로는 일반주와 차이가 없어 보인다. 하지만 자세하게 들여다보면 스팩 상장으로 인한 특수성으로 일반주와는 매우 상이한 속성을 가지고 있다. 그래서 투자 전에 스팩주의 특성에서 기인한 장점과 단점을 파악해야 한다.

+ 스팩주의 장점

첫째, 원금 보장(공모가 10달러)이 된다

최근 거의 모든 스팩주의 공모가는 10달러이다. 만약 10달러에 주식을 매수하게 되면 투자금 손실 가능성은 거의 사라지게 된다. 스팩이 인수 합병 기업을 찾지 못하는 등의 사유로 상장폐지 되어 청산되더라도 공모가 10달러 수준에서 돌려받게 된다. 또한, 인수합병 대상 기업을 찾더라도 최종 합병 승인 투표전 정해진 기간에 주식상환권리Redemption Right 행사를 통해서도 돌려받을 수 있다.

따라서 주기가 10딜러 아래로 내려가는 것이 불가능한 것은 아니지만 제한적이고 일시적이어서 시간이 지나면 결국 10달러로 수렴한다. 결국 공모가 10달러는 최종 합병이 되기 직전까지 주가의 매우 강력한 지지선 역할을 한다.

만약 10달러 아래에서 매수했다면 상장폐지 또는 주식상환권리 행사에 따른 공모가를 돌려받는 경우 원금뿐만 아니라 추가적인 수익까지 발생할 수 있다. 이러한 특징으로 인해 '원금 보장이 되는 주식투자' 또는 '바닥이 있는 주식투자'로 불리는 것이다. 여기서 유념할 점이 하나 있다. 최종 인수합병이 완료되면 바닥은 사라지고 주가의 방향성은 위, 아래로 모두 열리게 된다. 이때부터 스팩주는 일반주와 똑같아지기 때문에 주가가 10달러 아래로도 내려갈 수 있다는 점을 인지해야 한다.

둘째, 큰 수익을 얻을 수 있다

스팩은 주로 이벤트로 주가가 움직인다. 대표적으로는 인수합병 루머/소식, 인수합병 발표 그리고 합병 이벤트가 있다. 유망 기업과 합병한다는 소문이 돌면 기대감으로 주가에 프리미엄이 붙는다. 그리고 인수합병을 발표하거나 최종 합병일이 다가오면 기대감에 주가는 크게 상승한다. 주식시장 상황과 인수합병 대상 기업에 대한 시장의 기대감 정도에 따라 다르겠지만 하루만에 20% 이상의 상승은 어려운 일이 아니다. 인기 기업일 경우 짧은 기간 동안 2배, 3배까지 상승하는 스팩들도 있다. 그리고 이런 합병 관련 소식 및 이벤트가 스팩투자에 재미까지 더해준다.

셋째, 헤지용으로 활용할 수 있다

헤지의 사전적 의미는 금전 손실을 막기 위한 대비책이다. 주식투자에서 헤지의 한 가지 방법은 포트폴리오를 구성할 때 10~30% 정도의 현금을 보유하는 것이다. 하지만 현금으로 갖고 있으면 부가가치가 창출되지 않는다. 그런데 10달러 수준에서 스팩을 보유한다면 바닥이 있기 때문에 조정장 또는 하락장이 오더라도 일반주와는 달리 주가 하락이 제한될 뿐만 아니라 루머/소식, 합병 관련 이벤트로 주가 상승의 기회 또한 함께 가져갈 수 있다. 그리고 환금성이 높기 때문에 자금이 필요하거나 더 좋은 투자처가 나타나면 빠르게 현금화해서 사용하면 된다.

+ 스팩주의 단점

첫째, 과도한 투자로 인한 원금 손실은 발생할 수 있다

원금 보장(공모가 10달러)이 된다는 의미가 절대 손해가 발생하지 않는다는 것이 아니다. 만약 공모가를 초과하여 매수할 경우, 매수가에서 공모가를 뺀 차이만큼은 투자자가 위험을 감수해야 한다. 그래서 공모가에서 멀리 떨어질수록 투자자의 위험은 커지고 원금 손실 가능성이 발생하는 것이다. 이 점이 스팩투자의 핵심으로, 항상 명심해야 한다.

둘째, 투자 기회비용이 발생할 수 있다

스팩 상장 후 2년 내에 인수합병을 완료해야 한다. 기회비용 관점에서 보면 2년 동안 돈이 묶일 수도 있다는 의미이다. 최근 트렌드는 인수합병 발표 및 합병까지 기간이 짧아지고 있지만 기회비용을 최소화하고 싶다면 스팩 상장 후 1년이 지난 스팩을 매수하는 것도 방법이다. 그리고 오랜 기간 동안 기다렸는데 인수합병 기업이 좋지 않은 경우 수익도 크지 않을 수 있다. 그래서 주식투자에서 분산투자를 하듯 스팩 또한 한 개 이상에 투자하면서 유망 기업을 찾을 확률을 높일 필요가 있다.

셋째, 변동성이 크다

스팩은 인수합병이 완료되기 전까지 기업의 펀더멘털보다는 루머/뉴스, 합병 관련 이벤트로 주가가 크게 움직이기 때문에 주가 변동성이 크

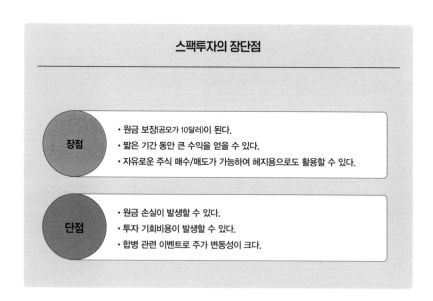

스팩투자의 장단점

장점
- 원금 보장(공모가 10달러)이 된다.
- 짧은 기간 동안 큰 수익을 얻을 수 있다.
- 자유로운 주식 매수/매도가 가능하여 헤지용으로도 활용할 수 있다.

단점
- 원금 손실이 발생할 수 있다.
- 투자 기회비용이 발생할 수 있다.
- 합병 관련 이벤트로 주가 변동성이 크다.

다. 물론 10달러 인근에서 미리 매수한다면 일희일비할 필요는 없다. 하지만 10달러 인근에서 벗어나 너무 높은 프리미엄을 주고 매수한 투자자는 이런 변동성으로 인해 스팩투자의 장점은 살리지도 못하고 손해가 발생할 수도 있다.

성장주, 테마주, 배당주, ETF 등 다양한 주식 종목에 투자한 경험을 가지고 있지만 주가 하락이 제한되어 있는 경우는 없다. 주가 하락이 제한되어 있고, 주가 상승이 열려 있는 주식은 스팩이 유일하다. 스팩이 가지고 있는 이러한 특성은 앞으로 투자자들에게 내 소중한 돈을 지키면서 높은 수익을 얻을 수 있는 기회를 제공할 것이다. 그래서 앞으로 설명하는 스팩에 대한 기본적인 이해와 구조 및 패턴을 알게 된다면 스팩이 가진 장점은 극대화되고, 단점은 최소화된 투자를 하게 될 것이다.

미국 스팩 계좌개설에서 매수하는 법까지

스팩주를 매수하기 위해서는 해외증권 계좌개설이 필요하다. 은행 영업점 방문 없이도, 핸드폰을 통해 비대면 계좌개설이 가능하다. 그리고 계좌개설 후 주식 거래 앱(MTS)을 설치하면 스팩주뿐만 아니라 일반주식 또한 매수/매도가 가능하다.

1. 비대면 계좌 개설하기

1) 아이폰은 애플 앱스토어, 안드로이드폰은 구글 플레이 스토어에서 '키움증권 계좌개설' 앱을 다운받는다.
2) '키움증권 계좌개설' 앱을 실행하고, '계좌개설 시작하기'를 클릭한다.

구글 플레이 스토어에서
'키움증권 계좌개설' 앱이 검색된 화면

'키움증권 계좌개설' 앱 실행 화면

3) 계좌개설을 위해 휴대폰, 신분증, 및 본인 명의 은행 계좌를 준비한다.

    – 계좌개설 가능 시간

       ⑴ 1원 입금 확인: 24시간 가능(23:30 ~ 00:30 제외)

       ⑵ 영상통화: 평일 08:30 ~ 21:00

4) 약관 및 개인정보 수집에 동의하고, 휴대폰 인증을 진행한다.

5) 개인 정보를 입력한다.

    자금 원천 및 출처, 계좌개설 목적, 미국인 여부, 내국인 여부, 국내 거주 여부, 실소유자 여부를 묻는 질문에 본인에게 해당하는 사항을 선택하면 된다. 그리고 개설 목적(가상통화 집금 거래 목적 여부), 휴대폰 번호, 이메일 주소, 자택 주소, 직업에 대한 추가 고객 정보를 입력하는데, 이 중 개설 목적에서 '집금 거래 목점 아님'을 선택해야 계좌개설이 가능하다.

6) 거래할 상품은 해외주식이 포함된 '종합'으로 선택하고, 계좌 비밀번호를 설정한다.

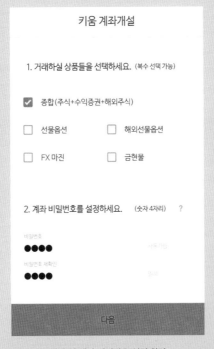

거래 상품 선택 및 계좌 비밀번호 설정 화면

7) 신분증을 촬영한다. 확인 후 잘못 인식된 정보는 수정한다.

만약 신분증 진위 확인 등이 불가능한 경우, 전화나 문자로 연락이 올 것이다.

8) 본인 확인을 위해 계좌 확인 또는 영상통화 중 한 가지 방법을 선택한다.

계좌 확인의 경우, 입력한 계좌로 1원이 입금될 것이고, 입금자명에 나온 숫자 3자리를 입력
하면 계좌개설이 완료된다.

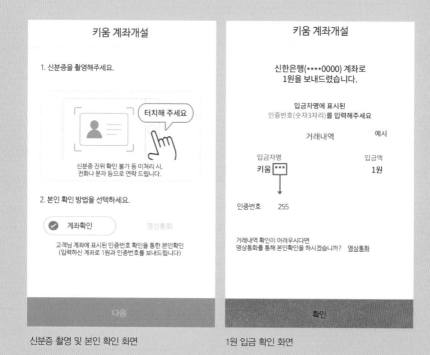

신분증 촬영 및 본인 확인 화면   1원 입금 확인 화면

※ 비대면 계좌개설과 관련하여 키움증권의 달러 지급 등 이벤트가 있으므로 진행 중인
이벤트를 꼭 확인하도록 하자. 그리고 비대면 계좌 보유 고객을 대상으로 거래 수수료 할
인, 환율 우대 혜택을 제공하고 있으니 잊지 말고 신청하자.

2. 주식 거래 앱(MTS) 설치 및 환전 후 스팩주 매수하기

1) 계좌개설이 완료되면 애플 앱스토어 또는 플레이 스토어에서 '영웅문S 글로벌' 앱을 다 운받는다.

2) '영웅문S 글로벌'에 접속하여, 메뉴 하단의 '주문'을 클릭한다.

3) 인증서 비밀번호를 입력한다.

구글 플레이 스토어에서
'영웅문S 글로벌' 앱이 검색된 화면

'영웅문S 글로벌' 앱 실행 화면

4) 화면 하단에 '환전'을 클릭한다.

5) 비밀번호(①)를 입력 후 조회를 클릭하면, 환전 가능 원화(②) 및 환전 가능 외화(③) 창에 환전 가능한 원화와 달러 금액이 나타난다. 원화(KRW) → 미국달러(USD)로 환전이 가능(④)하고, 반대로 미국달러(USD) → 원화(KRW)로 환전(⑤)도 가능하다. 원하는 환전 금액을 입력 후 '환전 실행'을 클릭하면 환전이 된다.

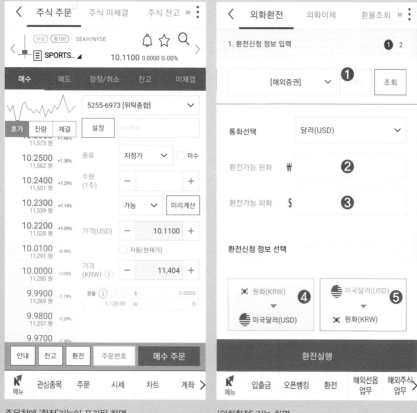

주문창에 '환전'기능이 표기된 화면   '외화환전' 기능 화면

– 환전 가능 시간
  (1) 영업일 00:10~16:50, 17:00~23:50
  (2) 토/일/공휴일 00:10~23:50
※ 가환전율 적용 시간에 환전하는 경우 키움증권에서 정한 가환전율을 적용하여 환전한
  후, 은행고시환율로 일괄 정산하여 차액분을 입출금 처리한다.
  • 가환전율시간: 전일 17:00~당일 은행고시환율 적용시간 전까지
  • 가환전율 영업일: 17:00 직전 전신환율에서 +5% 적용
  • 차액분 입금시간: 16:00에 일괄 입출금된다.

6) 주문 정보를 입력하여, 원하는 스팩주를 매수한다.

❶ 우측 상단 돋보기를 클릭한 후 매수
하고자 하는 티커 심볼 또는 종목명
을 입력한다(예시, 'SEAH' 입력).

❷ 계좌 비밀번호를 입력한다.

❸ '지정가'로 선택하면 해당 가격 이하
의 매도 주문이 있을 경우, 체결된
다. '시장가'를 선택하면 별도의 가격
지정 없이 바로 매수가 가능하다.

❹ 원하는 매수 수량을 입력한다.

❺ '지정가'로 선택한 경우, 매수하려는
가격을 입력한다.

❻ 주문 정보 입력이 끝나면 하단의 매
수 주문을 클릭한다.

TO THE MOON

$ SPAC JACKPOT $

주린이도 돈 버는
미국주식
스팩투자법

INTRO

우리는 물건을 구매할 때 직접 오프라인 매장을 방문하고, 온라인 검색을 통해 최저가를 비교해 사용 후기까지 읽는 등 노력을 마다하지 않는다. 다시 말해 의사결정 전에 가능한 범위 내 모든 정보를 모으는 것이다. 스팩투자도 마찬가지이다. 스팩투자를 하기 전에는 반드시 '스팩 상장 프로세스', '스팩주 투자 3단계 및 주가 변화 패턴', '투자 타이밍 및 투자 판단 요소', '좋은 스팩주를 고르는 방법' 등 스팩투자에 대한 기본 정보를 알고 시작해야 한다. 아는 만큼 내 소중한 돈을 지킬 수 있고, 높은 수익을 얻을 수 있다. 이번 장에서 소개할 내용 중 가장 많이 질문받은 내용을 Q&A로 정리했는데, 이 내용을 먼저 읽고 본문을 본다면 이해가 더 빠를 것이다.

Q 티커 심볼 뒤에 -U가 붙는데 이게 맞는 건가요?

A U는 유닛으로 보통주와 워런트로 구성됩니다. 상장 초기에 거래되고, 상장 후 52일 후부터는 보통주와 워런트도 각각 거래가 됩니다. 워런트는 주식매수청구권으로, 일정 기간이 지난 후 정해진 행사가격으로 보통주를 매수할 수 있는 권리입니다.

Q 어떤 종목은 -U가 아닌 -UN이 붙어 있는데요?

A 개별 스팩 또는 증권사 앱마다 표기가 상이합니다. 유닛은 티커 심볼 뒤에 U, UN, UT가 붙고, 워런트의 경우에는 티커 심볼 뒤에 W, WT, WS가 붙습니다. 알파벳 'U'와 'W'로 구별하면 됩니다.

Q 가끔 유닛이 붙은 스팩주들도 있던데, 한국인들은 아예 사면 안 되는 건가요?

A 매수해도 됩니다. 다만 유닛에 대해 잘 알고 있어야 보통주 대비 유닛의 장점을 활용할 수 있습니다. 잘 모르거나 간편한 거래를 원하면 보통주를 매수하는 게 좋습니다.

Q 락업 기간 해제일을 어디에서 찾을 수 있나요?

A 전자공시 시스템 에드가에서 S-1 문서의 최종 버전인 '424B4' 문서 또는 인수합병과 관련된 모든 중요 정보를 등록하기 위해 제출되는 'S-4' 문서에서 확인할 수 있습니다.

Q 보통 몇 주 정도 투자하는 것이 효과적일까요?

A 정답은 없습니다. 소액으로 스팩에 대한 투자 경험과 노하우를 쌓다 보면 개인의 투자 성향과 투자금에 따라 자연스럽게 결정될 것입니다.

Q 스팩주는 단타 목적인가요? 자녀 계좌로 사서 장기투자를 하려고 하는데요.

A 인수합병 발표까지 오랜 기다림이 있어 단타라고 정의하기는 어렵습니다. 다만, 합병 관련 이벤트로 주가 변동성이 크기 때문에 인수합병 발표 직후 또는 최종 합병 전후로 이익 실현이 많이 발생합니다. 장기투자용으로는 스팩주보다는 우량주나 ETF를 권장합니다.

Q 인수합병에 실패한 사례가 있나요?

A 나스닥 기준으로 2020년 인수합병 성공률은 71%입니다. 2021년부터 스팩 상장 건수가 많아지고 있기 때문에 성공률은 떨어질 것으로 예상되므로, 유망 스팩주를 잘 선별해야 합니다.

Q D.A가 뭔가요?

A Definitive Agreement의 약자로, 인수합병 확정 계약이 체결된 것으로 이해하면 됩니다.

Q 인수합병을 발표하는 것은 합병 확정과는 다른 건가요?

A 인수합병 발표는 인수합병 확정 계약을 체결한 후 대외적으로 공지하는 것이고, 합병 확정은 주주 투표를 통해 해당 계약을 승인하는 것입니다. 후자의 경우 형식적인 절차이나, 주주 승인이 있어야만 인수합병을 통한 상장이 가능합니다.

Q 합병에 대한 의결권을 행사하지 않아도 상장 주식을 받을 수 있나요?

A 의결권을 행사하지 않았다고 주주권리가 사라지는 것은 아닙니다. 모든 주주

가 의결권을 행사하는 것은 현실적으로 불가능하기 때문입니다. 참고로, 의결권을 행사하지 않으면 찬성표로 자동 반영되는 증권사도 있습니다.

Q 합병 비율은 어디서 볼 수 있나요?

A 인수합병 발표와 함께 공지되는 인수합병 기업의 투자자 프레젠테이션Investor Presentation 자료에 포함되어 있습니다.

Q 스팩의 합병 비율이 낮으면 주가가 안 오르나요?

A 합병 비율이 높아도 주가가 오르지 않는 경우가 있고, 합병 비율이 낮아도 주가가 크게 오르는 경우가 있습니다. 합병 비율에 너무 신경 쓰기보다는 오히려 최종 상장기업의 가치를 얼마로 책정했는지가 더 중요합니다. 기업가치를 너무 높게 책정했다면 주가 상승은 어려워질 것입니다.

Q 파이프 투자가 무엇인가요? 개인 투자자에게도 좋은 건가요?

A 자금이 모자라는 경우 사모펀드 등으로부터 추가 자금을 조달하는데, 이를 파이프 투자라고 합니다. 단기적으로 접근된 파이프 투자 금액이라면 합병 이후 주가 하락에 영향을 줄 수 있지만 파이프 투자가 없었다면 해당 규모의 기업과 인수합병이 이루어지지 못했을 것입니다.

Q 스팩주를 100주 매수해서 상장 때까지 보유하고 있으면 100주 모두 인정받을 수 있나요?

A 네, 합병 비율과 상관없이 주식수는 1:1로 교환되고, 티커 심볼만 변경되는 것입니다.

Q 스팩 티커 심볼 변경까지 대략 기간이 얼마나 소요되나요?

A 티커 심볼이 변경되면 한국에서는 추가적으로 3~4일 정도의 시간이 필요합니다. 다만 이 기간 동안 거래가 불가피하게 제한됩니다.

Q 티커 심볼이 아직 변경되지도 않았는데, 왜 주가가 공모가 아래로 크게 하락했나요?

A 바닥이 사라지고 스팩의 주가가 위아래로 모두 열리는 시점을 티커 심볼 변경일이 아닌 인수합병 최종 투표일로 봐야 합니다. 그리고 좀 더 보수적으로 본다면 주식상환권리 행사 마감일로 보는 것이 좋습니다. 주주 반대로 합병이 무산되어 스팩이 상장폐지 되는 경우가 아닌 이상 주식상환권리 행사 기간이 끝나 버리면 공모가를 돌려받을 수 있는 방법이 없기 때문입니다.

Q 티커 심볼 변경 때 국내에서는 며칠 거래가 안 되는데, 대응 방법이 있나요?

A 인수합병 기업에 대한 재평가를 통해 합병 이후에도 보유할지를 결정해야 합니다. 장기로 가져갈 종목이 아닌 경우에는 주주 투표일 전에 매도하는 게 좋을 수 있습니다. 만약 티커 심볼 변경 후 주가가 하락하는 경우, 떨어지는 것을 지켜만 봐야 하는 상황이 발생하게 됩니다.

Q 최종 상장 후 공모가 아래로 내려가는 경우가 있나요?

A 네, 최종 상장 이후부터는 일반주와 동일하게 주가는 위아래로 다 움직일 수 있습니다. 2020년 1월부터 2021년 3월 기준으로 최종 상장된 기업의 주가를 보면 28.9%는 공모가 아래로 내려갔고, 나머지 71.1%는 공모가 위에 위치하고 있습니다.

Q 뉴스를 보니 인수 과정에서의 배임 여부를 로펌에서 조사 중이라고 하는데, 혹시 이런 조사는 일상적으로 행해지는 것인가요? 아니면 정말 문제가 있는 건가요?

A 합병 발표 후에 동일한 뉴스들이 많이 보도됩니다. 형식적인 절차로 볼 수 있는데, 만약 실제로 불법 행위가 있었다면 문제가 될 것입니다.

아는 만큼 수익을 거두는 스팩투자

한화 '니콜라' 투자 대박! 국내 언론사들의 뉴스기사 제목이다. 미국 주식투자자라면 미국 수소 트럭 제조업체 '니콜라(티커 심볼: NKLA)'라는 회사명을 한 번쯤 들어봤을 것이다. 2020년 6월 초 국내 언론에서 한화 '니콜라' 투자 대박 뉴스를 쏟아냈고, 국내 개인 투자자들의 묻지마 투자에 직·간접적인 영향을 줬다. 한국예탁결제원에 따르면 2020년 6~7월 두 달간 국내 투자자들의 니콜라 순매수 금액은 2,057억 원(187억 달러)으로, 해외 주식 순매수 결제 순위 5위를 차지했을 정도이다.

니콜라는 2020년 6월 4일 나스닥에 상장하여 상장 첫날 주가 33.75달러를 기록했고, 6월 9일에는 79.73달러까지 상승했다. 하지만 이런 성공적인 분위기는 오래가지 못했다. 주가는 연일 폭락하며 7월 31일 기준 29.06달러로 고점 대비 64% 하락했다. 이런 뉴스 보도를 보고 고점에서 진입한 국내 투자자들은 큰 투자 손실을 입었다. 그 이후에도 최고경영자 사임 및 사기 논란에 휩싸였고 최근 하락장까지 겹치면서 현 주가는

해외 주식투자 TOP 50

(출처: 한국예탁결제원)

15.85달러(2021년 3월 16일 기준)로 45% 추가 하락했다. 니콜라 스팩 상장 이후 최저점 수준이다.

그럼 한화도 투자 손실이 발생했을까? 3월 17일 한화는 언론 보도를 통해 보유 지분 중 절반을 매각할 것이고, 예상 순수 차익만 약 1,250억 원이 발생할 것으로 밝혔다. 결론적으로 니콜라 투자 사례는 개인 투자자들이 완전히 기울어진 운동장에서 질 수밖에 없는 시합을 했다는 것을 여실히 보여준 것이다. 지난 일이지만 지금 이런 생각이 머릿속에 자꾸 맴돈다. '개인 투자자들이 스팩에 대해 알고 있었다면 어땠을까' 하고 말이다. 이 부분은 뒤에서 좀 더 자세히 다루도록 하겠다.

이제 스팩 상장 프로세스와 스팩투자 3단계에 대해 설명할 것이다. 다소 어렵게 느껴질 수도 있을 것이다. 하지만 실제로 어렵다기보다는 익숙하지 않기 때문이다. 여러 번 읽어서 내용을 이해한다면 앞으로는 최소한 평평한 운동장에서 시합을 할 수 있고, 잃지 않는 투자를 할 수 있는 힘이 생길 것이다.

02

스팩 상장 프로세스를 반드시 파악하라

스팩 상장의 프로세스는 크게 '스팩회사 설립, 기업공개, 인수합병 기업 찾기, 상장'의 4가지 단계로 나눌 수 있다. 그럼 단계별 내용을 확인해 보자.

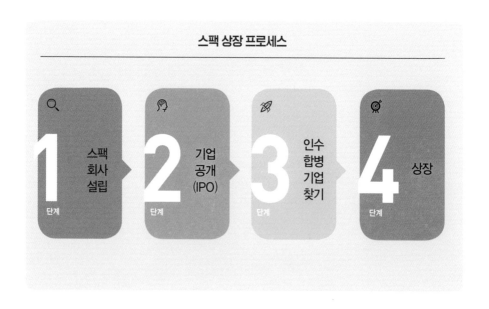

스팩 상장 프로세스

PART 2

+ 1단계: 스폰서Sponsor가 스팩을 만든다

스폰서는 기업을 찾아 인수합병해야 하는 스팩의 설립자이다. 스폰서는 주로 전문 경영인, M&A전문가, 사모펀드 및 벤처캐피털 계열사 등으로 구성된다. 최근에는 스포츠 스타, 정치인 및 헤지펀드까지 참여하고 있다. 스폰서는 일반적으로 스팩의 소유권 20%를 갖게 되는데, 스팩을 신청SPAC Filing하거나 증권신고서Registration Statement를 미국 증권거래위원회SEC에 제출하기 전에 대금을 납입하여 주식을 인수한다. 이를 '설립자 주식Founder Shares'이라고 한다. 이를 통해 만들어진 자금은 스팩의 기업공개 비용과 운영비 등으로 사용된다. 그러나 인수합병 계약을 체결하지 못하면 설립자 주식 지분은 휴짓조각이 된다. 반대로 합병에 성공하면 큰 수익을 얻을 수 있기 때문에 설립자 주식은 스폰서들이 합병할 기업을 적극적으로 찾게 하는 큰 유인책이 된다.

+ 2단계: 스팩을 증시에 상장한다

전통적인 기업공개의 경우에는 개인 투자자에게 배정하는 공모 물량 자체가 많지 않다. 때문에 특히 한국에서 미국 신규 상장기업에 투자하는 건 어려운 일이다. 하지만 스팩의 경우, 별도의 공모주 청약 절차 없이 자유롭게 해당 주식을 미리 매수할 수 있다. 그리고 매수 수량에도 제한이 없다. '신주 발행 → 개인 투자자금 모집(주식 거래) → 비상장기업 인수합병 및 상장'이라는 특수한 구조로 인해 개인 투자자들은 스팩을 통해 미국 공모주에 투자한 효과를 얻을 수 있다. 스팩의 소유권 20%는 스폰서가 가져가고, 나머지 80%에 대해서는 일반 투자자들의 접근이 가능해진다.

참고로, 국내 SK바이오팜 공모 청약 경쟁률은 323 대 1이고, 청약증거금은 791만 원에 1주를 배정받았다. 그리고 카카오게임즈의 경우 경쟁률은 1,524.85 대 1이고 청약증거금으로 1억 원을 내도 5주 정도밖에 받지 못했다. 한국 공모주의 청약 경쟁률과 청약증거금을 보면 증거금이 필요 없고 매수 수량에 제한이 없으며, 소액으로도 투자가 가능한 미국 스팩의 매력이 더 크게 느껴진다.

미국 스팩 규정에 따르면 공모자금의 90% 이상을 신탁 예치해야 한다. 다시 말해, 공모자금은 합병 시 인수합병 목적으로 사용되거나 합병 불발로 인한 청산 시 원금(공모가 기준) 반환용으로만 사용되어야 한다. 과거 공모자금을 100% 예치하지 않아 청산 때 원금 미만으로 상환되는 경우가 예외적으로 있었으나 최근 추세는 공모자금의 100%를 신탁 예치하고 있고, 일부는 100%를 초과하기도 한다.

주식을 발행하려면 미국 증권거래위원회의 등록 절차를 거쳐야 하는데, 스팩의 경우 전통적인 기업공개에 비해 매우 간편하고 빠르다. 미국 증권거래위원회에 제출해야 하는 서류들은 몇 주 내에도 작성이 가능하다. 상장 단계에서는 비즈니스 실체가 없기 때문에 공시할 재무적 결과나 자산 등이 없어 내용이 많지 않다. 그렇기 때문에 미국 증권거래위원

회의 심사도 복잡하거나 오래 걸리지 않는다. 스
팩의 경우 빠르게 진행되면 준비부터 상장 완료
까지 8주 정도면 된다.

✏️ 워런트

정해진 기간(행사기간) 동
안 일정한 가격(행사가격)으
로 주식을 매입할 권한을
증권 소유자에게 부여하는
증서

▶ 유닛의 구조와 워런트

스팩은 일반적으로 보통주가 아닌 유닛Unit 형태
로 상장한다. 유닛은 국내 스팩에는 없는 개념으로, '보통주'와 '**워런트**
Warrant'로 구성된다. 유닛은 티커 심볼 뒤에 U, UN, UT가 붙고, 워런트의
경우에는 티커 심볼 뒤에 W, WT, WS가 붙는다. 증권사마다 표기 방식
이 조금씩 다른데, 알파벳 'U'와 'W'로 구별하면 된다. 워런트는 주식매

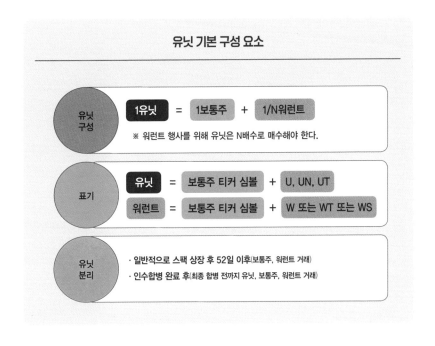

유닛 기본 구성 요소

유닛 구성
1유닛 = 1보통주 + 1/N워런트
※ 워런트 행사를 위해 유닛은 N배수로 매수해야 한다.

표기
유닛 = 보통주 티커 심볼 + U, UN, UT
워런트 = 보통주 티커 심볼 + W 또는 WT 또는 WS

유닛 분리
· 일반적으로 스팩 상장 후 52일 이후(보통주, 워런트 거래)
· 인수합병 완료 후(최종 합병 전까지 유닛, 보통주, 워런트 거래)

수청구권으로, 일정 기간이 지난 후 정해진 행사가격으로 보통주를 매수할 수 있는 권리이다. 우선 유닛을 매수하는 초기 투자자에게 주는 선물 또는 인센티브로 이해하면 된다.

일반적으로 스팩 상장 후 52일 동안은 유닛으로 거래된다. 그 이후부터는 보통주와 워런트도 거래가 시작되는데, 크게 두 가지 방식이 있다.

첫째, 유닛과 보통주, 워런트가 동시에 거래되는 경우이다.

이 경우에는 유닛 단독으로 매수·매도하거나 증권사에 유선으로 연락해서 유닛을 보통주와 워런트로 분리해달라고 별도의 요청을 하지 않을 경우에는 합병 완료 후 합병 대상 기업의 티커 심볼이 변경될 때 유닛은 자동으로 보통주와 워런트로 분리된다.

둘째, 보통주와 워런트만 거래되는 경우이다. 기존 유닛은 자동으로 보통주와 워런트로 분리된다.

▶ 스팩에 숨은 보너스, 워런트

유닛은 보통주와 워런트로 결합된 형태라고 했는데 구체적으로 유닛 1개는 보통주 1개와 워런트 1/N개로 구성된다. N은 스팩주마다 상이하다. 예를 들어 N값을 4로 가정해보자. 그렇다면 유닛 1개를 매수하면 보통주 1개와 워런트 1/4개를 얻을 수 있다. 다르게 표현하면 유닛 4개를 매수하면 완전한 워런트 1개를 얻을 수 있다는 뜻이다. 워런트는 소수점 행사가 불가하기 때문에 워런트 1개를 행사하기 위해서는 유닛을 4개, 8개, 12개 등 4배수로 매수해야 한다. 일반적으로 워런트와 보통주의 교환 비율은 1 대 1이고, 워런트의 행사가격은 11.5달러이다. 그래서 행사 시점에서 보통주 주당 가격이 17.2달러이면 11.5달러로 보통주 1주를 받을 수 있으므로 주당 5.7달러(17.2달러-11.5달러) 수익이 확보되는 것이다. 그래서 앞에서 유닛에 워런트가 포함된 것을 두고 선물 또는 인센티브라고 언급한 것이다.

워런트는 할인된 가격으로 보통주를 살 수 있는 기회를 얻을 수 있기 때문에 향후 보통주 가격이 높게 형성된다면 큰 투자 수익을 얻을 수 있다. 그래서 미국 투자자들은 보통주 대신 워런트를 단독으로 많이 매수한다. 하지만 워런트는 다음 두 가지 리스크를 가지고 있다.

첫째, 합병이 실패하여 스팩이 청산될 경우 워런트는 휴짓조각이 된다. 스팩투자의 장점인 원금 보장이 되지 않는 것이다.

둘째, 일반적으로 워런트 행사기간은 스팩 상장 후 12개월 이후 또는 인수합병 완료후 30일 이후부터이고, 행사기간 만기는 합병 이후 5년이다. 그런데 **상환 가능 워런트**Redeemable Warrant의 경우, 주가가 지정한 가격을 일정 기간 동안 넘을 때에는 회사가 워런트를 회수해갈 수 있다. 예를 들어, 20일 이상 주가가 17달러 이상으로 상승할 경우 발행사가 0.01달러로 워런트를 매입할 수 있다. 그래서 투자자는 공지된 워런트 처분 기간 동안 반드시 워런트를 매도하거나 워런트를 행사해야 한다. 만약 이 기간을 놓칠 경우, 0.01달러만 환급받게 되어 손실을 입게 된다. 그래서 워런트 거래는 고위험·고수익 투자High Risk, High Return라고도 볼 수 있다.

> ✎ 상환 가능 워런트
> 주가가 지정 가격을 넘어설 경우 발행 주체인 스팩이 해당 워런트를 매수할 수 있는 권리가 있는 워런트를 말한다.

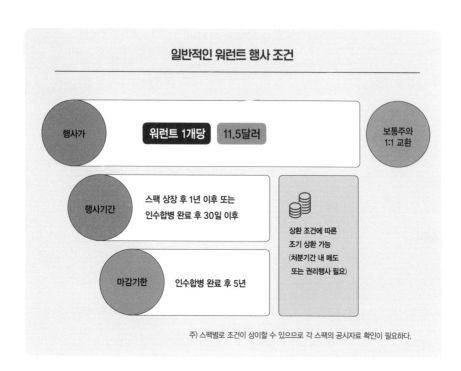

일반적인 워런트 행사 조건

행사가

워런트 1개당   11.5달러

보통주와 1:1 교환

행사기간

스팩 상장 후 1년 이후 또는 인수합병 완료 후 30일 이후

상환 조건에 따른 조기 상환 가능 (처분기간 내 매도 또는 권리행사 필요)

마감기한

인수합병 완료 후 5년

주) 스팩별로 조건이 상이할 수 있으므로 각 스팩의 공시자료 확인이 필요하다.

국내 증권사들은 워런트 매수·매도 거래 서비스를 제공하고 있지 않다. 증권사 트레이딩시스템을 통해 미국 스팩 종목을 검색해보면 유닛과 보통주의 티커 심볼은 볼 수 있지만, 워런트는 찾을 수 없을 것이다. 국내에서 워런트를 보유하게 되는 유일한 경우는 매수한 유닛이 보통주와 워런트로 분리될 때이다. 워런트를 매수할 수는 없지만 유닛 분리로 확보된 워런트는 국내 증권사에 유선으로 연락해서 매도하거나 워런트 행사기간에 보통주로 교환할 수 있다.

+ 3단계: 인수합병 기업을 찾고 협상한다

스팩 상장 프로세스 중 3단계가 투자자에게 있어 가장 중요한 과정이다. 합병 대상과 타깃 섹터가 정해지고 합병 구조와 기업가치가 확정되는데, 이 결과를 시장에서 어떻게 평가하는지에 따라 향후 주가가 결정되기 때문이다.

▶ 합병 대상

원칙적으로 스팩은 상장 전에 인수합병 대상이 미리 정해져 있으면 안 된다. 그래서 상장을 위해 공시하는 **S-1 문서**를 보면 시작부터 '인수합병 타깃을 선정하지 않았고, 직접 또는 간접적으로도 실질적인 논의를 시작하지 않았다'라고 명기되어 있다. 만약 검토 중인 특정 대상 기업이 있다면 해당 기업에 대한 세부 정보 또한 제출해야 하는데, 이 경우 전통적인 기업공개와 큰 차이가 없어진다. 그래서 실제로 특정 대상이 있다고 하더라도 문서상으로는 미국 증권거래위원회의 요구를 형식적으로 따르며, 스팩이 상장되기 전까지 비밀로 붙일 것이다.

> 🖊 **S-1 문서**
> 스팩의 주요 정보가 있는 공시 자료로, 미국 증권거래위원회에 제출해야 하는 증권신고서(Registration Statement)이고, 주식을 발행할 때 투자자들에게 오퍼(Offer)하는 문서이기도 하다.

▶ 타깃 섹터

대다수 스팩은 인수합병 대상 기업을 찾을 때 타깃 섹터를 구체화한다. 골드만삭스에 따르면 2020년 기준 70%의 스팩이 테크, 헬스 케어, 핀테크 등 타깃 섹터를 구체화하였고, 30% 정도만 구체화하지 않았다고 한다. 특정 섹터를 정했다고 해서 다른 섹터에서 인수합병 대상을 찾는 것이 금지되는 것은 아니다. 예를 들어 프로퍼티 솔루션 에퀴지션Property Solutions Acquisition Corp(티커 심볼: PSAC)은 부동산 섹터로 지정하고 있었는데, 전기차 패러데이 퓨처스Faraday Futures를 인수합병한다고 발표했다.

▶ 타깃 규모

규정상 인수합병 대상 기업의 크기는 스팩이 신탁계정에 보유한 자금의 80% 이상이어야 한다. 예를 들어 1,000억 원의 자금을 조달한 스팩의 경우, 최소 800억 원 규모 이상의 기업만 인수가 가능한 것이다. 실질적으로는 지분잠식 및 설립자 주식의 희석 효과 감소를 위해 최소 2~3배 이상 규모의 인수합병 대상 기업을 찾는데, 최근 인수합병을 발표한 97개의 스팩을 확인해보면 평균 7.1배 정도의 기업을 찾아 인수합병이 이루어지고 있다.

▶ 합병 구조

타깃이 정해지면 합병 대상 기업과의 협상을 통해 자본 조달 규모, 지분 구조 등 합병 구조를 결정하게 된다. 오른쪽의 인포그래픽은 핀테크 기업 소파이Sofi를 인수합병하는 스팩 사례를 참고하여 재구성해보았다. 스팩이 기업공개를 통해 스폰서(2억 달러) 및 스팩 투자자(8억 달러)로부터 총 10억 달러의 자금을 조달했고, 부족한 자금은 **파이프**PIPE **투자자**로부터 12억 달러를 추가 조

> ✏️ 파이프(PIPE) 투자자
> 일반 개인 투자자가 아닌 특정 기관 또는 전문 투자자를 의미한다.

소파이 사례로 재구성한 스팩 상장 지분구조 개념도

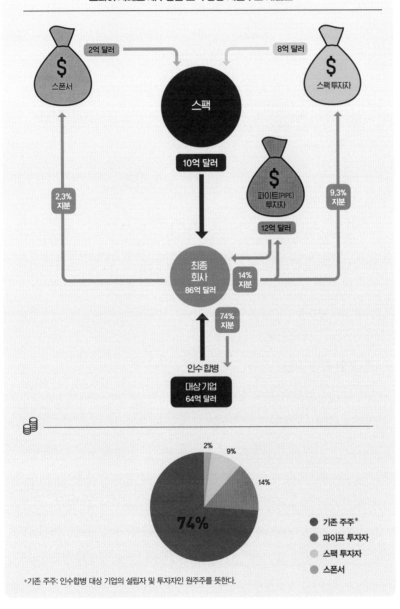

2억 달러 → 스팩 ← 8억 달러

스폰서 · 스팩 투자자

10억 달러

파이트(PIPE) 투자자

2.3% 지분 · 9.3% 지분

12억 달러

최종 회사 86억 달러

14% 지분

74% 지분

인수합병

대상 기업 64억 달러

2% · 9% · 14%

74%

● 기존 주주*
◉ 파이프 투자자
○ 스팩 투자자
● 스폰서

*기존 주주: 인수합병 대상 기업의 설립자 및 투자자인 원주주를 뜻한다.

달했다. 그리고 인수합병 대상 기업의 가치를 64억 달러로 평가하여, 최종 회사의 주식가치Equity Value는 86억 달러가 됐다. 그리고 좀 더 정확한 인수가치를 계산하기 위해서는 부채와 보유 현금도 반영해야 한다. 합병 대상 기업의 부채는 결국 인수자가 갚아야 하기 때문에 주식가치에 더해주고, 보유한 현금은 부채를 갚는데 사용할 수 있기 때문에 빼주면 된다. 이것이 우리가 흔히 얘기하는 기업가치, 즉 EVEnterprise Value이다. 그래서 투자자들 관점에서 스팩과 합병 대상 기업 간의 협상으로 책정된 기업가치가 고평가되었다면 주가는 하락할 것이고, 저평가되었다면 상승할 것이다.

스팩과 인수합병 기업과의 모든 거래 협상 조건이 합의되면 인수합병 확정 계약DA: Definitive Agreement이 체결된다. 이를 일반 투자자들 사이에서는 흔히 '디에이DA 떴다'라고 표현하는데, 계약이 체결되어 인수합병 발표가 났다는 것이다.

▶ 파이프와 락업 기간

앞에서 잠깐 언급됐던 파이프PIPE는 'Private Investment in Public Equity'의 약자로, 모두에게 기회가 주어지는 공모증자(공개모집)와 달리 특정 기관 및 전문 투자자만을 대상으로 지분을 거래(사모형태)하는 투자 방식이다. 스팩은 파이프를 통해 기업 인수 자금을 추가로 확보할 수 있고, 파이프 투자자는 시장보다 낮은 가격으로 주식을 매수할 수 있다. 일반 투자자의 경우에는 만약 유명 투자사가 파이프 투자에 참여한다면 주가 상승의 호재를 얻을 수 있다. 그러나 만약 파이프 투자자가 인수합병 직후 대량의 물량을 한 번에 매도한다면 주가 하락으로 일반 투자자가 큰 피해를 입을 수 있다. 그리고 이런 일이 반복되면 일반 투자자로부터 공모자금을 모집하기도 어려워진다. 그래서 이를 방지하기 위해 락업Lock-up이 설정된다.

락업이란 스폰서, 회사 내부자 및 파이프 투자자가 상장 후 일정기간 동안 주식 매도를 방지하는 것이다. 락업 기간은 각 스팩별로 상이하지만 일반적으로 파이프의 락업 기간은 0~45일 정도이고 스폰서 등 특정 주주의 경우는 2개월, 3개월, 5개월, 6개월, 12개월, 18개월, 24개월로 매우 다양하다. 락업 기간이 끝났다고 해서 락업이 해제되는 물량이 모두 매도된다는 의미는 아니며, 락업 해제일로부터 자유롭게 매도가 가능하다는 것이다. 그래서 락업 해제일은 투자자들에게 주가가 하락할 수도 있으니 조심하라는 신호를 주는 것이다. 만약 최종 합병 이후에도 주식을 보유한다면 반드시 스팩의 공시 자료에서 락업 계약 세부 내용을 확인해야 한다.

+ 4단계: 최종 합병 승인 후 상장한다

인수합병 확정 계약을 체결했다고 바로 상장되는 것은 아니며, 주주의 승인을 받아야 한다. 그래서 합병에 대한 최종 승인을 위한 주주 투표 미팅이 열린다. 이때 인수합병 기업이 특별한 문제가 있거나, 주가가 공모가 10달러 아래로 크게 하락한 예외적인 상황이 아니라면 일반적으로 문제없이 승인된다. 형식적인 절차인 것이다.

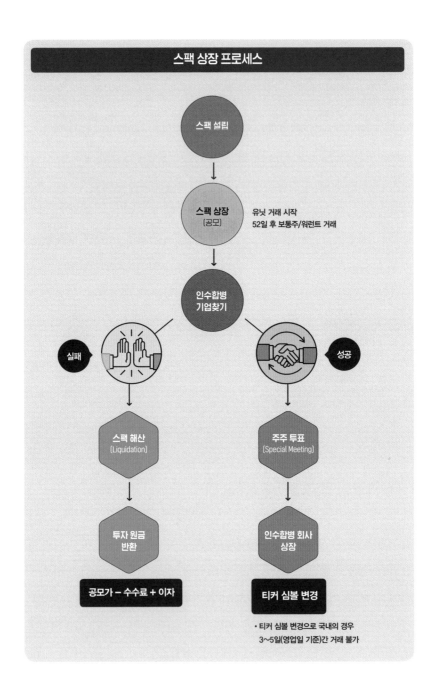

스팩 상장 프로세스

스팩 설립

스팩 상장
(공모)

유닛 거래 시작
52일 후 보통주/워런트 거래

인수합병
기업찾기

실패

성공

스팩 해산
(Liquidation)

주주 투표
(Special Meeting)

투자 원금
반환

인수합병 회사
상장

공모가 − 수수료 + 이자

티커 심볼 변경

• 티커 심볼 변경으로 국내의 경우
3~5일(영업일 기준)간 거래 불가

최근 합병에 대한 최종 승인을 위한 주주 투표 관련 에피소드가 있었다. 2021년 2월 11일, 미국 전기차 충전소 1위 업체인 차지포인트ChargePoint에 대한 합병 승인 투표 때 투표 정족수 미달로 합병 승인 투표가 2주 연기되었다. 많은 투자자가 합병 승인은 당연하다고 생각해 투표에 참여하지 않았던 것이다. 이후 스팩회사는 여러 경로를 통해 합병 승인 투표 참여를 유도하였고, 결국 2월 25일 주주 승인이 완료되었다. 만약 합병 이후에도 주식을 계속 보유할 예정이라면 소중한 한 표를 행사하도록 하자.

　주주 투표로 최종 합병 승인이 완료되면 인수합병 대상 기업이 나스닥 또는 뉴욕증권거래소NYSE에 상장된다. 이때 기존 스팩의 티커 심볼이 인수합병 기업의 티커 심볼로 변경된다. 예를 들어 차지포인트의 경우, 기존 스팩의 티커 심볼이 'SBE'인데 차지포인트의 티커 심볼인 'CHPT'로 자동으로 변경된다. 일반적으로 주주 승인 다음 날부터 바로 변경하기도 하고 며칠 뒤에 변경되기도 한다. 여기서 주의할 점은 국내의 경우, 미국에서 티커 심플이 변경된 후 추가적으로 티커 심볼 전환을 위한 시간이 필요하다는 것이다. 증권사마다 상이하지만 일반적으로 3~5일 정도 소요되기 때문에 국내에서 주식 거래를 하지 못하게 되는 상황이 발생한다. 따라서 합병 직후 매도를 고려하고 있는 투자자는 이 부분을 반드시 인지하고 있어야 한다.

최종 합병 승인 → 티커 심볼 변경 및 나스닥 또는 뉴욕증권거래소 상장(인수합병 대상 기업의 티커 심볼로 변경됨)

만약 스팩이 2년 동안 인수합병 기업을 찾지 못하면 어떻게 될까? 주주 투표를 통해 합병 마감 기한을 연장하거나 스팩을 해산하고 공모자금을 투자자들에게 반환하는 청산 절차를 진행해야 한다. 이때 공모가 10달러에서 수수료 등의 제반비용이 차감되고, 이자가 더해진 금액을 돌려받게 된다.

+ 스팩 상장 단계별 소요기간

스팩 상장의 단계별 프로세스를 살펴보았는데, 주요 단계별 소요기간을 알아보자. 스팩을 설립하고, 기업공개를 하는 스팩 상장의 프로세스 1단계와 2단계는 최소 8주의 시간이 소요된다. 이 기간은 스팩의 인수합병 마감기간 2년에는 포함되지 않는다. 해당 기간의 시작은 스팩의 기업공개일부터이다. 이론적으로 시장을 조사하고, 기업을 찾고, 협상해서 합병 계약을 체결하는 데 19~21개월이 소요된다. 그리고 합병 투표일이 공지되고 최종 합병 승인이 될 때까지는 추가로 3~5개월이 소요된다. 그래서 합병 승인이 완료된 전기차 관련 스팩주 5개 종목의 실제 사례를 확인해보았다. 평균적으로 인수합병 기업을 찾고 계약을 체결하는 데

스팩 상장 단계별 소요기간: 합병 승인 완료된 전기차 관련 스팩주 사례

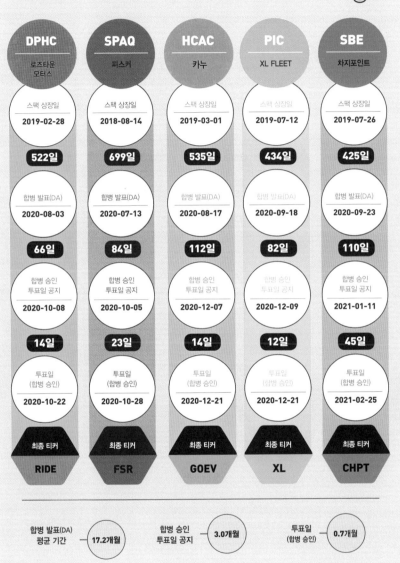

DPHC 로즈타운 모터스	SPAQ 피스커	HCAC 카누	PIC XL FLEET	SBE 차지포인트
스팩 상장일 2019-02-28	스팩 상장일 2018-08-14	스팩 상장일 2019-03-01	스팩 상장일 2019-07-12	스팩 상장일 2019-07-26
522일	699일	535일	434일	425일
합병 발표(DA) 2020-08-03	합병 발표(DA) 2020-07-13	합병 발표(DA) 2020-08-17	합병 발표(DA) 2020-09-18	합병 발표(DA) 2020-09-23
66일	84일	112일	82일	110일
합병 승인 투표일 공지 2020-10-08	합병 승인 투표일 공지 2020-10-05	합병 승인 투표일 공지 2020-12-07	합병 승인 투표일 공지 2020-12-09	합병 승인 투표일 공지 2021-01-11
14일	23일	14일	12일	45일
투표일 (합병 승인) 2020-10-22	투표일 (합병 승인) 2020-10-28	투표일 (합병 승인) 2020-12-21	투표일 (합병 승인) 2020-12-21	투표일 (합병 승인) 2021-02-25
최종 티커 RIDE	최종 티커 FSR	최종 티커 GOEV	최종 티커 XL	최종 티커 CHPT

합병 발표(DA) 평균 기간 — 17.2개월   합병 승인 투표일 공지 3.0개월   투표일 (합병 승인) 0.7개월

17.2개월이 소요됐고, 이후 과정은 3.7개월이 걸렸다. 스팩 상장의 이론 적인 타임라인과 크게 다르지 않음을 확인하였다.

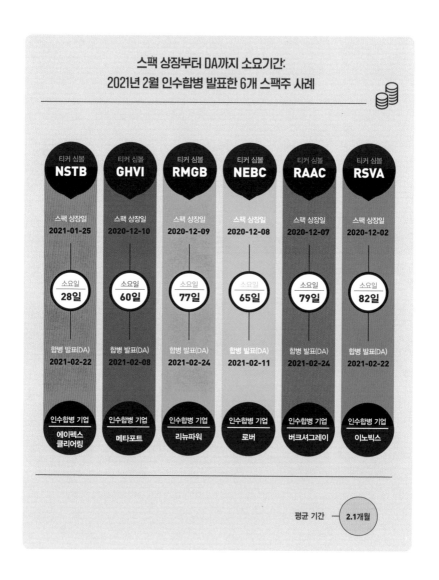

스팩 상장부터 DA까지 소요기간:
2021년 2월 인수합병 발표한 6개 스팩주 사례

	NSTB	GHVI	RMGB	NEBC	RAAC	RSVA
티커 심볼	NSTB	GHVI	RMGB	NEBC	RAAC	RSVA
스팩 상장일	2021-01-25	2020-12-10	2020-12-09	2020-12-08	2020-12-07	2020-12-02
소요일	28일	60일	77일	65일	79일	82일
합병 발표(DA)	2021-02-22	2021-02-08	2021-02-24	2021-02-11	2021-02-24	2021-02-22
인수합병 기업	에이펙스 클리어링	메타포트	리뉴파워	로버	버크셔그레이	이노빅스

평균 기간 — 2.1개월

하지만 최근 2021년 2월 한 달 동안 인수합병을 발표한 6개 스팩주를 확인 결과, 인수합병 기업을 찾는 데 평균 2.1개월밖에 소요되지 않았다.

추정해보면 이론적인 스팩 상장의 타임라인은 전체 기간을 합병 마감 기한인 24개월로 잡고 정량화가 가능한 인수합병 발표 이후부터 합병 승인까지의 기간을 빼서 인수합병 기업을 찾는 기간을 설정한 것으로 보인다. 그래서 인수합병 기업을 찾는 기간을 19~21개월로 무조건 인식하기보다는 각 스팩의 상황에 따라 빠르게 진행될 수도 있고, 이론적인 기간이 소요될 수 있다고 이해하자. 그리고 합병 발표 이후부터 최종 합병 승인까지의 일정은 3~5개월로 받아들여도 실제로 크게 벗어나지는 않을 것이다.

스팩투자 3단계!
돈 버는 구간은 따로 있다

스팩은 일반주식과 다르게 합병 이벤트에 따라 주가가 움직이기 때문에 합병 발표 및 합병 승인 기준으로 투자 시점을 세분화할 수 있다. 그리고 투자 시점별로 주가가 어떻게 움직이는지 일정한 패턴을 갖고 있어 이를 이해하는 것은 스팩투자에 있어 매우 중요한 부분이다.

+ 스팩투자의 3단계

스팩투자의 시점은 크게 3단계로 나눌 수 있다.

> 1단계: 스팩 상장 이후부터 합병 발표 전까지
> 2단계: 합병 발표 이후부터 합병 승인 직전까지
> 3단계: 합병 승인부터

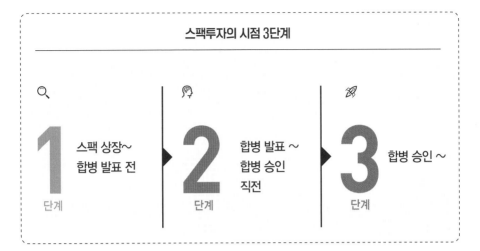

스팩투자의 시점 3단계

1단계　스팩 상장~
합병 발표 전

2단계　합병 발표 ~
합병 승인
직전

3단계　합병 승인 ~

단계별로 주가 변화 패턴이 존재하기 때문에 시장 상황 및 개별 스팩 주에 따라 다른 모습을 보여줄 수는 있지만, 기본적인 패턴을 알고 있어야 리스크를 최소화하면서 이익을 극대화할 수 있는 대응이 가능하다. 그리고 단계별로 리스크, 기대 수익 및 기회비용이 다르다.

먼저, 실제 사례를 통해 스팩의 주가가 어떻게 움직이는지부터 살펴보자.

+ 스팩의 3단계 주가 변화

스팩은 일반적으로 1단계(스팩 상장~합병 발표 전)에서는 공모가 10달러 인근에서 일정기간 횡보하는 움직임을 보인다. 그리고 2단계(합병 발표~합병 승인 직전)에서는 유망 기업에 대한 합병 발표가 있을 경우, 주가가 일시적으로 급등했다가 다시 하락하는 모습을 보인다. 그리고 최종 합병

일이 다가올수록 합병에 대한 기대감으로 주가는 다시 상승하기 시작한다. 마지막 3단계(합병 승인~)에서는 인수합병 기업의 펀더멘털 또는 실적에 따라 주가의 방향이 결정된다. 네 가지 실제 사례를 통해 스팩의 3단계 주가 변화를 살펴보자.

하일리온의 사례   HYLN

하일리온Hylion은 친환경 하이브리드 전기 트럭업체이다. 작년 여름 스팩시장에
서 가장 핫했던 종목 중 하나이다. 주가 그래프를 통해 1단계, 2단계, 3단계별로
주가가 어떻게 움직였는지 살펴보도록 하자.

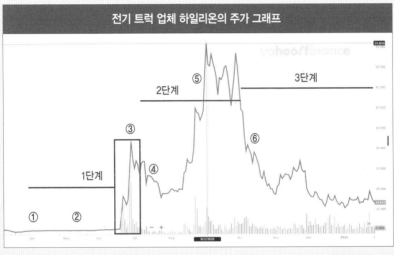

전기 트럭 업체 하일리온의 주가 그래프

(출처: Yahoo Finance)

① 2019년 2월 28일 스팩 터토이즈 어퀴지션Tortoise Acquisition이 공모가 10달러
에 상장했다.

② 상장 후 공모가 10달러 근처에서 큰 등락 없이 안정적으로 주가가 움직이는
모습을 보이고 있다. 해당 시점에서는 비즈니스 실체가 없기 때문에 주가 상
승/하락에 영향을 주는 이벤트가 없다.

③ 2020년 6월 18일, 하일리온 인수합병 발표로 주가는 6월 29일 31.84달러 까지 상승했다.

④ 이후 합병 발표 이벤트로 단기간에 주가가 무려 218% 상승을 했고, 합병 발표 후 최종 합병 승인까지 특별한 이벤트가 없기 때문에 약 한 달 만에 고점 대비 43.6% 하락하며, 7월 24일 17.97달러로 마감했다.

⑤ 이후 최종 합병에 대한 기대감으로 주가는 다시 상승하기 시작하여 9월 2일 55.85달러로 저점 대비 211% 상승했다.

⑥ 그리고 2020년 10월 1일(합병 승인 투표일) 이후 현재까지 주가는 하락세를 보이고 있다. 합병 발표 및 최종 합병 이벤트가 사라진 상황에서 높아진 주가를 받쳐줄 만큼의 기업 실적이 없기 때문이다.

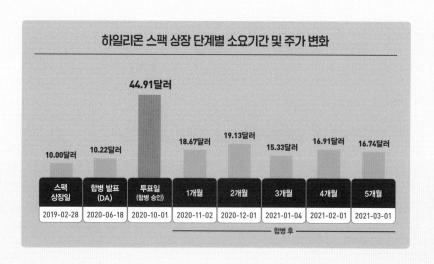

니콜라는 미국 수소 트럭 제조업체이다. 스팩투자 단계별로 주가가 어떻게 움직이는지 알 수 있는 대표적인 사례 중 하나이다. 2020년 6월, 국내 언론에서 '니콜라' 투자 대박 뉴스를 쏟아낼 때 개인 투자자들이 이런 스팩의 움직임을 알았다면 피해가 최소화되었을 것이다. 국내 투자자들에게 큰 손실을 가져다준 니콜라Nikola의 주가 그래프를 보자.

니콜라 주가 그래프

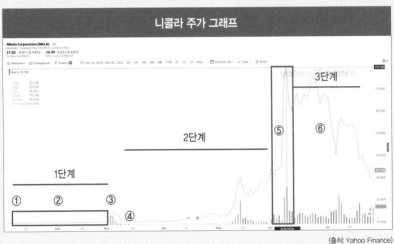

(출처: Yahoo Finance)

① 2018년 5월 16일 스팩 벡토 IQVecto IQ가 공모가 10달러에 상장했다.

② 오랜 기간 동안 공모가 10달러 인근에서 횡보했다. 한화는 2018년 11월 한화종합화학USA(51%)와 한화에너지(49%)가 지분을 보유한 그린 니콜라홀딩스를 통해 투자에 참여했다.

③ 2020년 3월 3일, 드디어 스팩 벡토 IQ가 니콜라를 인수합병한다고 발표했다. 그다음 날부터 2일 동안 14.70달러까지 상승했다.

④ 합병 발표 이후 특별한 이벤트가 없었기 때문에 약 2주 동안 고점 대비 약 30% 하락하며 10.50달러까지 내려왔다.

⑤ 이후 최종 합병 기대감으로 주가가 다시 상승하기 시작했고, 합병 직전에 급등하며 저점 대비 659% 오른 79.73달러까지 도달했다. 이날이 2020년 6월 9일로, 국내 언론들이 '한화 투자 대박' 뉴스를 대대적으로 보도한 날이며, 국내 투자자들이 본격적으로 니콜라 투자를 시작한 날이다.

⑥ 합병 관련 모든 이벤트가 끝이 났고, 짧은 기간 동안 너무 큰 폭으로 주가가 상승했기 때문에 주가 하락밖에 남지 않은 상황이었다. 특히 합병 이후에는 기업의 펀더멘털이나 실적으로 평가를 받는데 니콜라의 경우 공장도 없었고, 차량을 한 대도 생산하거나 판매한 적이 없다. 물론, 미래 미국 수소 경제의 대표주자로 니콜라의 미래 가치를 평가받을 수 있었지만, 니콜라 최고 경영자 트레버 밀턴의 사임 및 니콜라 사기 의혹을 제기한 힌덴버그 리서치의 공매도 보고서 등으로 니콜라는 투자자들에게 신뢰를 잃어버렸다.

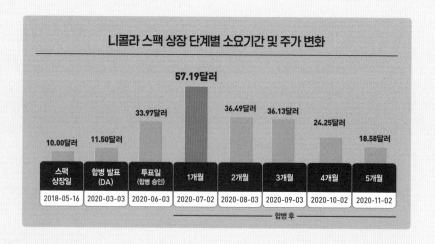

니콜라 스팩 상장 단계별 소요기간 및 주가 변화

스팩 상장일	합병 발표 (DA)	투표일 (합병 승인)	1개월	2개월	3개월	4개월	5개월
10.00달러	11.50달러	33.97달러	57.19달러	36.49달러	36.13달러	24.25달러	18.58달러
2018-05-16	2020-03-03	2020-06-03	2020-07-02	2020-08-03	2020-09-03	2020-10-02	2020-11-02

합병 후

친환경 하이브리드 전기 트럭업체 하일리온과 수소 트럭업체 니콜라의 사례를 살펴봤다. 누군가의 눈에는 상장 후에 주가가 폭락하는 위기만 보였을 것이고, 누군가의 눈에는 기회가 보였을 것이다. 그렇다면 추가적인 사례를 더 보도록 하자.

드래프트킹즈DraftKings는 온라인 스포츠 베팅 기업이다. 스팩회사뿐만 아니라 개인 투자자 입장에서도 성공적인 스팩 상장으로 인정할 수 있는 대표적인 사례 중 하나이다. 드래프트킹즈의 주가 그래프를 통해 하일리온과 니콜라와는 어떻게 다르게 움직였는지 살펴보자.

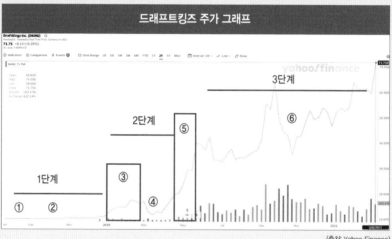

(출처: Yahoo Finance)

① 2019년 5월 14일, 스팩 다이몬드 이글 에퀴지션Diamond Eagle Acquisition이 공모가 10달러에 기업공개를 했다.

② 합병 발표 전까지 특별한 주가 움직임 없이 10달러에 위치해 있다.

③ 2019년 12월 23일 드래프트킹즈를 인수합병한다는 발표 소식과 함께 주가는 18.69달러까지 상승했다.

④ 이후 특별한 이벤트가 없어 고점 대비 40% 하락한 11.17달러까지 내려왔다.

⑤ 최종 합병에 대한 기대감으로 최종 합병 전부터 전 고점을 돌파하며 크게 상승하는 모습을 보였다.

⑥ 합병 이후에도 상승과 하락을 반복하면서 우상향하는 모습을 보이고 있다. 현 주가 71.75달러(2021년 3월 8일 기준)로 공모가 대비 약 7.2배이다.

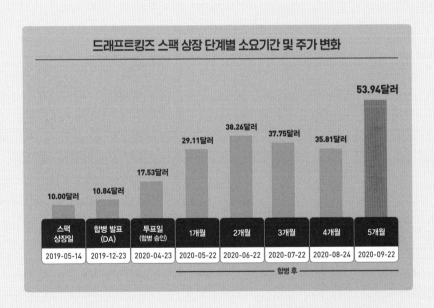

드래프트킹즈 스팩 상장 단계별 소요기간 및 주가 변화

스팩 상장일	합병 발표 (DA)	투표일 (합병 승인)	1개월	2개월	3개월	4개월	5개월
10.00달러	10.84달러	17.53달러	29.11달러	38.26달러	37.75달러	35.81달러	53.94달러
2019-05-14	2019-12-23	2020-04-23	2020-05-22	2020-06-22	2020-07-22	2020-08-24	2020-09-22

합병 후

스팩의 3단계 주가 변화를 살펴보는 마지막 사례는 모바일 게임 플랫폼 기업인 스킬즈Skillz이다. 드래프트킹즈를 상장시킨 이글 에쿼티 파트너Eagle Equity Partner 의 후속 스팩이다. 스킬즈를 포함한 4개의 사례를 통해 스팩투자 3단계 주가 변화 패턴을 이해하길 바란다.

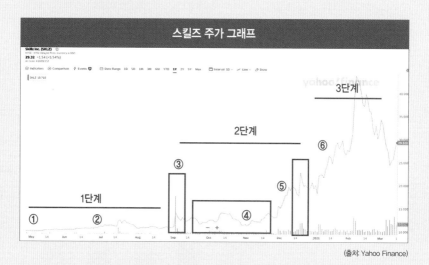

(출처: Yahoo Finance)

① 2020년 3월 6일 스팩 플라잉 이글 에퀴지션Flying Eagle Acquisition이 공모가 10달러에 상장했다.

② 전작 드래프트킹즈의 성공으로, 주가에 프리미엄이 붙는 모습도 보였지만 10달러대에서 움직였다.

③ 2020년 9월 1일, 스킬즈를 인수합병한다고 발표했고, 다음 날 주가는 14.02 달러까지 급등했다.

④ 인수합병 발표 후 이벤트 소멸로 –18% 하락하면서 11.47달러까지 내려왔다. 이후 11~14달러 박스권에 갇힌 움직임을 보여줬다.

⑤ 그리고 최종 합병일이 다가오자 기대감으로 주가는 다시 상승하기 시작했다.

⑥ 2월 중순부터 시작된 조정장으로 최근 주가는 하락 중이나, 인수합병 이후 조 정장까지 주가는 꾸준히 우상향하였다.

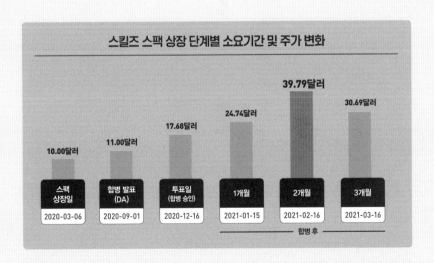

스킬즈 스팩 상장 단계별 소요기간 및 주가 변화

				39.79달러	
			24.74달러		30.69달러
		17.68달러			
	11.00달러				
10.00달러					
스팩 상장일	합병 발표 (DA)	투표일 (합병 승인)	1개월	2개월	3개월
2020-03-06	2020-09-01	2020-12-16	2021-01-15	2021-02-16	2021-03-16

합병 후

지금까지 살펴볼 4개 기업 모두 최종 합병 이전까지 정도의 차이는 있으나, 합병 관련 이벤트에 반응하며 주가가 움직이는 거의 똑같은 패턴을 보여주고 있다. 그리고 최종 합병 이후에는 2개 기업은 하락했고, 나머지 2개 기업은 우상향했다. 최종 합병이 완료되면서 합병 관련 모든 이벤트는 사라지고, 일반주식과 똑같이 기업의 펀더멘털과 실적으로 평가받는 것이다. 그래서 특정 패턴보다는 기업에 따라 주가 움직임이 결정된다고 보면 된다.

스팩투자 3단계별 주가 변화 패턴을 정리해보면 다음과 같다.

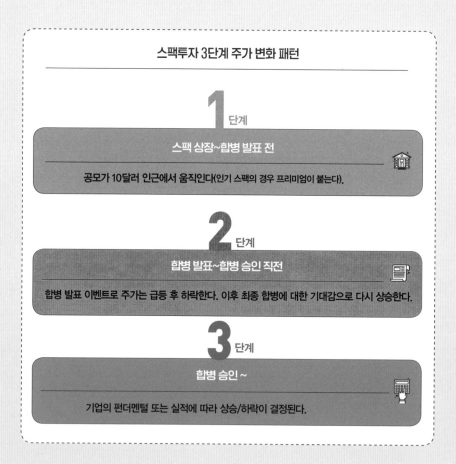

스팩투자 3단계 주가 변화 패턴

1단계
스팩 상장~합병 발표 전
공모가 10달러 인근에서 움직인다(인기 스팩의 경우 프리미엄이 붙는다).

2단계
합병 발표~합병 승인 직전
합병 발표 이벤트로 주가는 급등 후 하락한다. 이후 최종 합병에 대한 기대감으로 다시 상승한다.

3단계
합병 승인 ~
기업의 펀더멘털 또는 실적에 따라 상승/하락이 결정된다.

실제 사례들을 통해 스팩투자 3단계별 주가 변화 패턴을 살펴보았다. 만약 국내 투자자들이 니콜라를 1단계 또는 2단계 시점에서 공모가 10달러 근처에서 매수 했다면 어땠을까? 한화처럼 대박 투자가 됐을 것이다. 아니면 매우 짧은 기간 동 안 659% 상승한 3단계 시점에서 언론보도에 의해 최소한 뇌동 매매는 하지 않 았을 것이다.

주식시장 상황 및 개별 스팩주에 따라 단계별 움직임의 속도와 폭이 달라지겠 지만, 기본적인 스팩의 주가 패턴을 명확히 알고 있어야 대응이 가능하다. 이것이 잃지 않는 스팩투자의 시작이다.

최적의 매수 타이밍을 놓치지 마라

+1단계: 스팩 상장 ~ 합병 발표 전

바닥이 있는 주식투자로 불리는 스팩의 특성을 가장 잘 살릴 수 있는 단계이다. 좀 더 구체적으로 표현하면 '인수합병 기업을 찾고 있는 10달러 인근 스팩주'이다. 먼저, 2020년 초 코로나19로 인한 주가 하락 시기를 보자. 매우 짧은 기간 동안 주식시장이 붕괴되어 역사적 사건 중 하나로 기록될 정도였다. 이때 미국 증시 대표 지수인 S&P500을 추종하는 SPY ETF의 경우, 무려 32% 하락했다.

대표 지수가 이렇게 하락했으니 반 토막 난 개별 주식들이 넘쳐났다. 이런 역사적인 대폭락에서 스팩주들은 어땠을까? 당시 인수합병 기업을 찾고 있던 스팩 5개를 보자. 앞에서 스팩 상장의 주요 단계별 소요기간을 확인했던 스팩을 그대로 가져왔다.

코로나19 발생 전 평균 주가는 10.14달러였는데, 코로나19 악재로

SPY ETF 주가 그래프

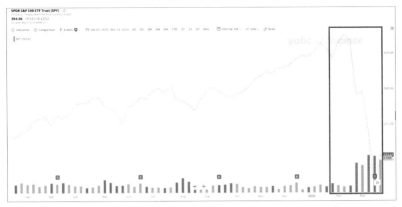

(출처: Yahoo Finance)

9.8달러로 하락했다. 역사적인 폭락장에서 −3.3% 하락한 것이고, 공모가 10달러 기준으로는 −2.0% 하락했다. 미국 증시 대표 지수들이 평균 30% 하락하는 상황에서 놀라운 결과다.

참고로, 위의 사례처럼 폭락장으로 인해 주가가 공모가 아래로 조금 내려가는 경우도 있지만, 구조적으로 10달러 아래로 내려가는 경우도 존재한다. 그 이유는 유닛은 보통주와 워런트로 구성되어 10달러로 상장되는데 유닛의 주가가 큰 변동이 없는 상태에서 보통주와 워런트로 분리된다면 보통주의 주가는 10달러 아래로 내려갈 수 있기 때문이다. 예를 들어 A스팩 유닛이 10.10달러에 거래되다가 보통주 9.75달러와 워런트 0.35달러로 분리된다. 이 경우, 보통주와 워런트 가격을 합치면 유닛 가격과 똑같지만 보통주만 보면 공모가 아래로 하락한 것처럼 보인다.

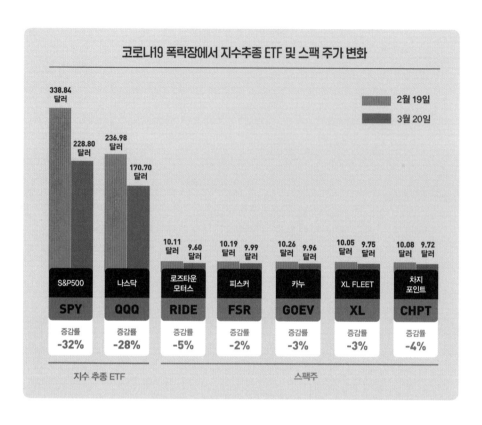

코로나19 폭락장에서 지수추종 ETF 및 스팩 주가 변화

	2월 19일	3월 20일
S&P500 SPY	338.84 달러	228.80 달러
나스닥 QQQ	236.98 달러	170.70 달러
로즈타운모터스 RIDE	10.11 달러	9.60 달러
피스커 FSR	10.19 달러	9.99 달러
카누 GOEV	10.26 달러	9.96 달러
XL FLEET XL	10.05 달러	9.75 달러
차지포인트 CHPT	10.08 달러	9.72 달러

증감률: SPY -32%, QQQ -28%, RIDE -5%, FSR -2%, GOEV -3%, XL -3%, CHPT -4%

지수 추종 ETF / 스팩주

'10달러 인근 스팩주'가 하락장에서도 주가 하락이 제한되는 모습을 확인해보았는데, 그렇다면 여기서 드는 합리적인 궁금증은 10달러 인근은 구체적으로 몇 달러냐는 것이다. 다시 말해, 몇 달러에 매수하면 되느냐는 것이다. 공모가 10달러는 보장되기 때문에 이상적인 매수가는 10달러 이하겠지만, 바람과 달리 주가는 주식시장 상황에 따라 달라지기 때문에 10달러 아래로 내려올 때까지 무작정 기다릴 수는 없다.

그래서 개인적으로 상승장과 하락장에서 매수한 스팩주의 가격대를 확인해보았다. 상승장에서는 10달러 인근에서 매수한 대다수 스팩의 가격 범위는 9.85~10.80달러 수준이었다. 그리고 스팩 붐으로 합병 발표 전부터 기대감으로 인해 11달러가 넘는 스팩도 많아졌다. 내 눈에 좋아 보이는 스팩은 다른 투자자의 눈에도 매력적으로 보이기 때문에 과거와는 다르게 주가에 프리미엄이 많이 붙었다. 꼭 보유하고 싶었던 스팩인 경우에는 최대 11.5달러까지, 즉 -13%까지 리스크를 가져갔고, 분할 매수를 통해 평단가(평균 매수 단가)를 낮추며 리스크를 관리했다. 시장에서 기대가 큰 스팩이기 때문에 향후 성장 가능성이 유망한 기업을 찾는다면 매수 평단가를 충분히 넘을 수 있다고 생각했다. 그리고 이번 하락장에서 매수한 신규 스팩주들의 평단가는 10.4달러이다. 현재 대다수 신규 스팩의 주가가 10달러 초반까지 내려왔지만 매수 당시에는 정확히 어디까지 내려올지 알 수 없었다. 그래서 매수 당시 향후 예상되는 리스크를 고려했고, -3.8% 수준이었기 때문에 발목으로 판단하고 진입했다.

정리하면, 1단계 시점에서 매수 권장 가격은 9.65달러에서 10.8달러 사이다. 최대한 공모가 10달러 이하 또는 인근에서 매수해 하방 리스크를 최대한 낮추되 시장 상황과 투자자가 감당할 수 있는 리스크 범위를 고려해서 각자의 진입 타이밍을 결정하면 될 것이다.

그리고 주의할 점 하나는 10달러 이하라고 주가만 보고 무조건 매수하면 안 된다. 10달러 이하 매수는 리스크가 거의 없다는 것일 뿐 해당 스팩의 성공을 보장하지 않는다. 만약 인수합병 기업을 찾지 못하거나, 기대 이하의 기업을 찾을 경우에는 오랜 기간 동안 투자금이 묶인 것에 대한 기회비용이 발생하게 된다. 투자할 때는 투자 안정성도 중요하지만 투자 기회비용 또한 같이 고려해야 한다.

▶ 스타피크 에너지 트랜지션 사례

실제 1단계 시점에서 매수했던 스팩 스타피크 에너지 트랜지션Star Peak Energy Transition(티커 심볼: STPK) 사례를 소개하려고 한다.

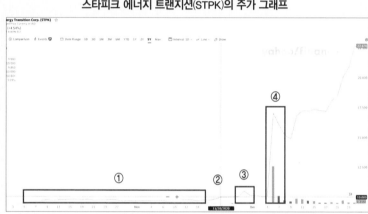

스타피크 에너지 트랜지션(STPK)의 주가 그래프

(출처: Yahoo Finance)

① 스팩 상장 초기 오랜 기간 동안 주가가 10달러 아래에서 움직이고 있었다.

② 그런데 주가가 조금씩 상승했고, 11월 17일 10.1달러에 첫 매수를 하였고, 며칠 후 9.91달러, 10달러에 추가 매수했다.

③ 그리고 11월 27일 주가가 10.5달러까지 상승했다. 이 시점에서 기존 물량의 2배를 10.14달러에 더 담았다. 10달러 아래서 움직이던 주가가 10달러를 넘어 10.5달러까지 올라왔으니 합병 발표가 임박한 것으로 예측했다. 11월 27일에 주가가 꿈틀대며 위로 상승한 것은 내부자 정보가 밖으로 흘러나온 것으로 판단했다.

④ 운이 좋게도 추가 물량 매수 완료한 다음 날 AI기반 클린 에너지 저장 시스템 회사인 스템stem을 인수합병한다고 발표했고 주가는 당일 17.01달러까지 급등했다.

스팩 STPK의 이런 사전 주가 움직임이 있었기 때문에 필자가 운영하고 있는 〈리차드 주식부자 연구소〉 유튜브 채널에서 '대박 날 스팩주 찾기 프로젝트 1편 영상'의 첫 종목으로 선정하려고 했다. 다만 너무 개인적인 판단이고, 프로젝트의 첫 주제로 하기에는 스토리가 부족해서 스팩의 왕 차마스의 IPOD, IPOE, IPOF를 선택했다. 아쉬운 마음에 해당 영상 초반에 STPK의 관련 움직임을 소개했는데 영상 업로드 당일 합병 발표가 있어서 깜짝 놀란 기억이 있다. 스팩 STPK는 개인적으로 큰 수익을 가져다줬을 뿐만 아니라 스팩투자에 대한 좀 더 확고한 확신을 갖게 해주었다.

▶ 스팩을 활용한 투자 아이디어

2단계로 넘어가기 전에 실제로 실행하고 있는 상승장 및 하락장에서의 스팩을 활용한 투자 아이디어를 살펴보자.

먼저 상승장을 기억해보자. 유동성 장세로 여러 지표를 보더라도 미국 주식시장이 매우 과열되어 있다. 투자자로서 주가가 계속 오르면 좋겠지만 오늘 당장 조정 또는 폭락이 오더라도 이상하지 않다. 그래서 주가는 계속 오를 수만 없기 때문에 수익 실현을 하며 현금 비중을 높여 간

스팩을 이용한 상승장과 하락장에서의 투자 아이디어

상승장

현금 보유 대신 10달러 인근 스팩 보유

하락장

주가 상승 효과를 가져가면서
조정장 및 하락장 대비 가능

바닥에서 주가 방어한 후 할인된
일반주를 매수할 수 있는 현금 제공

다. 그런데 현금을 그냥 가지고 있으면 가치 창출이 안 되기 때문에 10달러 근처에 있는 유망한 스팩을 발굴하면서 현금 비중을 줄이고 스팩주 비중을 조금씩 늘리는 것이다. 이러한 전략은 조정장 및 폭락장에 대한 대비책이면서도 가까운 미래에 대박을 터트릴 수 있는 씨앗을 심어두는 일석이조 효과의 투자 아이디어이다.

그리고 2월 중순부터 시작된 조정장을 보자. 유동성 장세에서 걱정했던 일이 미국 10년 채권 금리 상승이 트리거가 되어 주가가 하락하고 있다. 2020년 코로나19로 인한 폭락 시기와는 비교할 수 없지만 당시 투자자가 피부로 느끼는 공포감은 컸다. 하지만 10달러 인근 스팩을 보유한 투자자는 바닥이 눈으로 보이고 실제로 주가 하락이 제한되기 때문에 심리적 안정감을 가져가며 멘털 관리가 가능하다.

시장 상황에 따라 주가에 프리미엄이 다르게 붙기 때문에 일반적으로 매수 권장 가격은 9.65달러에서 10.8달러 사이이다.

 공모가 이하에서 매수하는 것이 가장 좋지만, 시장 상황과 감당할 수 있는 리스크를 고려해서 각자의 진입 가격을 결정하면 된다.

※ 주가가 공모가 아래에 있다고 무조건 매수하는 것은 바람직하지 않으며, 유망 스팩인지 여부에 초점을 두도록 하자.

만약 조정장으로 일반주의 주가가 크게 하락한다면, 보유하고 있던 스팩주의 비중을 줄이고 평소에 매수하고 싶었으나 너무 비쌌던 일반주를 할인된 가격으로 매수할 수 있는 기회도 가져갈 수 있다.

+ 2단계: 합병 발표~합병 승인 직전

기업 인수합병 발표로, 비즈니스 실체를 확인하고 투자할 수 있는 단계이다. 인수합병 발표와 함께 해당 기업의 **투자자 프레젠테이션**Investor Presentation도 함께 공시된다. 정보가 제한될 수밖에 없는 비상장기업의 기밀 정보를 포함해서 많은 정보를 담고 있으므로 투자자가 반드시 확인해야 하는 자료이다. 해당 자료를 통해 기존 주주의 경우 주식을 매도할지,

> 🖊 **투자자 프레젠테이션**
> 주로 회사 개요(미션, 경영진, 회사연혁 등), 사업 현황, 재무 정보 및 합병 거래 정보 등으로 구성되어 있다.

계속해서 보유할지를 결정한다. 그리고 잠재 투자자의 경우 신규 투자 여부를 결정하게 된다. 자료는 스팩의 홈페이지나 인수합병 기업의 홈페이지 또는 전자공시 시스템 에드가EDGAR에서 확인이 가능하다.

핀테크 기업 소파이를 인수합병한다고 발표한 스팩 소셜 캐피털 헤도소피아 홀딩스Social Capital Hedosophia Holdings Corp V(티커 심볼: IPOE)의 투자자 프레젠테이션을 함께 살펴보도록 하자.

▶ 전자공시 시스템 에드가로 투자자 프레젠테이션 자료 찾기

2021년 1월 7일 스팩 IPOE는 소파이를 인수합병한다고 발표했다. 전자공시 시스템 에드가에 접속해 IPOE를 검색해보면 동일 날짜에 인수합병 발표Business Combination 발생 시 공시하는 425 문서와 주주들이 적시에 알아야 할 중요한 이벤트 발생 시 공시하는 8-K 문서(SEC 보고서, 수시보고

전자공시 시스템 에드가 'IPOE' 검색 화면

(출처: EDGAR)

https://www.sec.gov/edgar 접속 후 'IPOE' 검색 화면

8-K 문서 내 첨부문서

Item 9.01. Financial Statements and Exhibits.

    (d) Exhibits.

Exhibit No.	Description
99.1	Joint Press Release, dated as of January 7, 2021.
99.2	Investor Presentation, dated as of January 6, 2021.
99.3	Introductory Presentation, dated as of January 6, 2021.
99.4	Financial Pack Presentation, dated as of January 6, 2021.

8-K 문서에 인수합병 대상 기업에 대한 자세한 정보가 기술된 투자자 프레젠테이션Investor presentation 자료가 첨부된 모습

서)가 제출되어 있다.

8-K 문서를 클릭한 후 문서 하단을 보면 투자자 프레젠테이션 자료가 첨부되어 있는 것을 확인할 수 있다. 해당 자료를 클릭하면 약 40페이지 분량의 투자자용 소파이 PPT 자료가 열린다.

▶ 투자자 프레젠테이션 자료 활용 1. 기업 정보

투자자 프레젠테이션은 핵심 문구, 사진, 그래프 등으로 구성되어 있어, 직관적이고 빠르게 회사에 대한 정보를 얻을 수 있다. 주로 회사 개요(미션, 경영진, 회사연혁 등), 사업 현황, 재무 정보 및 부록으로 구성되어 있다. 이를 통해 인수합병 회사가 어떤 회사인지 파악해나가는데, 특히 경쟁사 대비 어떤 우위가 있는 기업인지를 확인하는 데 무게 중심을 둬야 한다.

간단하게 소파이의 예를 보자. 미국은 상위 15개 전통 은행들이 5억 개가 넘는 은행 계좌를 보유하며 시장점유율 52%를 차지하고 있다. 그리고 미국인의 50%는 1개 은행만을 이용하지만 나머지 50%는 융통성/편리성, 다른 상품/서비스, 낮은 수수료 등의 이유로 2개 이상의 은행을

인수합병 대상 기업인 소파이의 투자자 프레젠테이션의 표지

이용한다. 소파이는 투자 관련 금융 서비스를 포함해서 개인 대출, 신용 카드, 주택담보 대출, 학자금 대출 등 다양한 금융 서비스를 하나의 앱으로 통합한 토털 솔루션을 제공한다. 이런 토털 금융 서비스는 현재 소파이가 유일하다.

　시간이 흐르면서 경쟁사에서도 유사한 서비스를 제공할 수 있지만 선점 효과를 갖고 있는 소파이의 고객을 빼앗아오려면 높은 전환비용을 지출해야 한다. 이와 같이 시장 내에서 유일한 상품 또는 서비스이거나 경쟁사와 비교했을 때 기술적 우위 등 차별화 포인트를 보유한 기업인지 아닌지를 반드시 체크하도록 하자. 경제적 해자를 보유한 기업일수록 주가가 상승할 가능성이 크다.

소파이는 다양한 금융 서비스를 하나의 앱으로 통합한 토털 솔루션을 제공하는 유일한 기업임을 강조하고 있다.

경제적 해자(Economic Moat)

워런 버핏이 1980년대 발표한 버크셔 해서웨이 연례보고서에서 최초로 주창한 투자 아이디어로 기업의 장기적 성장 가치의 척도가 된다. 경쟁사로부터 기업을 보호해주는 높은 진입장벽과 확고한 구조적 경쟁우위를 말한다. 해자(垓子, Moat)는 원래 적의 침입을 막기 위해 성곽을 따라 파놓은 못을 가리키는데, 경쟁사가 쉽게 넘볼 수 없는 진입장벽을 해자에 비유한 용어이다(출처: 네이버 지식백과).

▶ 투자자 프레젠테이션 자료 활용 2. 경영진 정보

다음으로 회사를 이끌어가는 경영진이 중요한데, 최소한 최고경영자CEO 에 대한 기본 조사는 필요하다. 소파이는 경영진 이력이 화려하다. 먼저 최고경영자 안토니 노토Anthony Noto는 트위터의 2인자이자 전 최고운영책

소파이 경영진에 대한 기본 정보

소파이 경영진의 기본 정보로 최소한 최고경영자(CEO)에 대한 인물 조사는 필요하다.

임자COO로, 투자자들이 가장 신뢰하는 인물 중 한 명이다. 그의 사임 소식으로 트위터 주가가 3.9% 하락했을 정도이다. 업계에서는 안토니 노토를 대체할 만한 인물을 찾는 것은 결코 쉽지 않을 것이라고 평가했다. 그만큼 능력 있고 영향력 있는 사람이라는 반증이고, 그가 트위터를 떠나 소파이 최고경영자로 자리를 옮겼다는 것은 소파이에게 매우 긍정적인 요소로 작용할 것이다. 최고경영자에 대한 세부 정보까지는 해당 자료에 나와 있지 않지만 온라인 검색을 통해 쉽게 정보를 얻을 수 있다.

▶ 투자자 프레젠테이션 자료 활용 3. 재무정보

그리고 가장 중요한 것은 재무정보이다. 주로 스팩 상장하는 기업들은 유망 스타트업이다 보니 현재 매출액이 없거나 작을 수 있고, 이익 관점에서도 안정적이지 않을 수 있다. 그래서 가까운 미래에 회사가 얼마나

소파이의 매출액과 조정 에비타

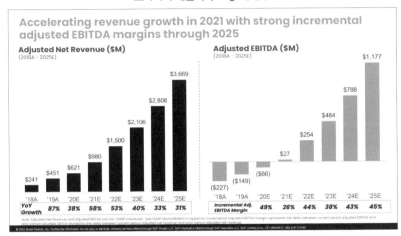

소파이의 조정 순매출액뿐만 아니라, 조정 에비타도 2025년까지 꾸준히 상승할 것으로 예상하고 있다.

빠르고 크게 성장할 수 있는지가 매우 중요하다. 소파이의 매출액Revenue을 보면 2019년도에는 전년 대비 87%, 2020년도에는 38%가 성장했고, 추후에도 30% 이상의 높은 성장률을 예상하고 있다. 그리고 **조정 에비타**Adjusted EBITDA의 경우, 적자 폭을 감소시키며 2021년 흑자로 전환이 예상되고, 향후 이익 금액은 크게 증가할 것으로 전망하고 있다.

> ✏️ **에비타**(EBITDA)
> 법인세·이자·감가상각비 차감 전 영업이익으로, 기업이 영업활동으로 벌어들인 현금 창출 능력을 나타내는 수익성 지표이다.
>
> **조정 에비타**
> (Adjusted EBITDA)
> 에비타(EBITDA)에서 비경상 및 일회성 항목을 제거한 지표로, 주로 혁신 기업의 성장을 평가하기 위한 지표로 사용된다.

▶ 투자자 프레젠테이션 자료 활용 4. 합병 거래 정보

다음은 합병 발표 후 주가에 가장 영향을 줄 수 있는 합병 거래 개요Transaction Overview정보이다. 소파이처럼 부록에 포함되어 자료의 마지막에 위치할 수도 있지만 자료의 도입부에 배치되기도 한다. 원형 그래프는 주로 합병 비율을 나타낸다. 소파이는 인수합병 회사의 기존 주주가 74.2%, 스팩 일반 투자자 9.3%, 스폰서 2.3% 그리고 파이프 투자자가 14.2% 소유하게 된다.

국내외 주식 게시판을 보면 '스팩의 합병 비율이 낮아서 합병 발표 후 주가가 하락했다'는 내용을 자주 볼 수 있다. 물론 스팩 합병 비율이 낮다는 것은 반대로 기존 인수합병 회사의 합병 비율이 높다는 것이고, 이는 인수합병 회사의 가치를 현 수준보다 더 높게 평가했다고 해석할 수 있다. 하지만 인수합병 회사의 현재 가치를 있는 그대로 평가하더라도, 스팩 자금 조달 규모 자체가 작으면 스팩의 합병 비율은 낮을 수밖에 없다. 그래서 스팩의 합병 비율이 낮다고 주가가 무조건 하락하는 것은 아니며, 합병 비율이 낮아도 주가가 크게 상승한 스팩도 많다.

소파이의 주식가치 및 합병 비율

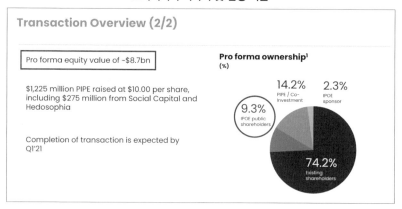

소파이의 주식가치(Equity value)는 87억 달러로 책정됐으며, 이 중 IPOE 주주가 차지하는 비중은 9.3%이다.

합병이 완료되면 합병 비율과 상관없이 스팩주 1주는 최종 상장되는 주식 1주가 된다. 따라서 합병 비율에 초점을 두기보다는 해당 자료에서는 주식가치가 어느 정도인지에 주목해야 한다. 스팩회사와 소파이 간에 협상을 통해 소파이의 주식가치를 87억 달러로 설정했는데, 시장이 판단했을 때 해당 가치가 저평가되었다면 주가는 상승할 것이고, 고평가되었다면 주가는 하락할 것이다.

소파이의 자료에는 포함되어 있지 않지만, 일반적으로 다음 루시드모터스의 투자자 프레젠테이션 자료처럼 동종업계 기업과 기업가치평가(멀티플) 비교 정보까지 제공한다. 그래서 투자자는 직관적으로 회사가치의 고평가 여부를 빠르게 확인할 수 있다. 기업가치평가의 대표 지표인 **EV/Revenue**는 기업가치를 매출액으로 나눈 것인데, 값이 낮을수록 상대적으로 회사가 저평가되어 있다는 의미이다.

> **EV**
> (Enterprise Value)
> 기업가치를 나타내는 지표 중의 하나. EV는 기업의 미래 수익 창출 능력을 현재가치로 환산한 것
>
> **Revenue**
> 매출액

그렇다면 루시드모터스가 5.3배이고 테슬라가 12.9배로 나와 있으니 루시드모터스가 테슬라보다 저평가되어 있다고 있는 그대로 받아들이면 되는 것일까? 아니다. 표기된 값을 그대로 받아들이기보다는 반드시 검증해야 했다. 먼저 분자인 '기업가치'에 어떤 값을 사용했는지 확인해야 한다. 주석을 보면 기업가치를 루시드모터스의 '인수가치'인 117.5억 달러로 적용했다고 나와 있다.

동종업계 기업과 기업가치평가(멀티플) 비교 정보

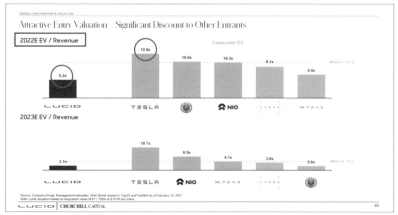

기업가치평가지표(EV/Revenue)를 통해 루시드모터스가 동종업계 기업들 대비 저평가되었음을 강조하는 투자자 프레젠테이션 자료.

거래 자금 출처

Transaction Overview

Estimated Transaction Sources and Uses

Sources	$	%
CCIV Cash in Trust[1]	2,070	12.7%
PIPE Proceeds[2]	2,500	15.3
Existing Lucid Shareholders[3]	11,750	72.0
Total Sources	**$16,320**	**100.0%**

스팩 투자자, 파이프 투자자, 기존 루시드모터스 주주의 거래자금 규모가 나타나 있다.

다시 말해, **주식가치** 중에서 기존 루시드모터스의 주주 지분만큼만 반영한 것이다. 제외된 스팩 투자자(20억 7,000만 달러) 및 파이프 투자자(25

루시드모터스를 인수합병하는 스팩 처칠캐피털 4(디커 심볼: CCIV)의 주가 그래프

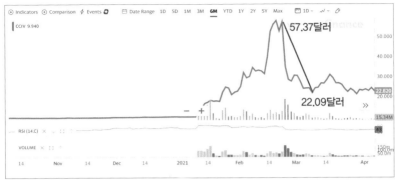

(출처: Yahoo Finance)

루시드모터스를 인수합병한다는 발표 직후 주가가 급락하는 모습

억 달러) 지분까지 포함하면 총 163.2억 달러인데, 28%가 축소되었다. 그리고 더 중요한 포인트는 투자자 프레젠테이션에서 가치평가를 할 때 적용된 주가는 현재 시가가 아닌 공모가 10달러이다. 만약 현재 주가가 공모가보다 상승한 상황이면 그만큼 가치에 반영시켜야 한다.

합병 발표 후 주가는 공모가 대비 5.7배 상승한 57.37달러였기 때문에 해당 자료와 다르게 이미 루시드모터스는 테슬라 등 다른 비교 기업들보다 고평가된 상황이다. 그래서 합병 발표 후 57.37달러에서 22.09달러까지 크게 하락한 것은 어쩌면 예견된 당연한 결과일 수 있다.

그리고 자료에 나온 EV는 Enterprise Value 로 일반적으로 얘기하는 **기업가치**이다. 기업가치 는 주식가치에 부채는 더해주고 현금을 뺀 것이

> ✎ **주식가치**
> (Equity Value)
>
> 공모가×발행 주식 수(시가 총액 개념)
>
> **기업가치**
> (Enterprise Value)
>
> 주식가치 + (부채 − 현금)

✎

기업인수가치
(Acquisition Value)

인수합병 기업의 기존 주
주들에게 제공하는 지분

주가매출액비율,
PSR(Price Selling Ratio)

시가총액 ÷ 연 매출액
값이 낮을수록 성장 잠재
력에 비해 주가가 저평가
되었다는 의미이다.

다. 기업 입장에서 조금이라도 더 좋게 보이려고 기업가치 또는 주식가치 대신 주석을 사용하여 작은 값인 **기업인수가치**를 사용하는 꼼수는 충분히 이해한다. 그렇더라도 투자자는 수고롭지만 최소한 현재 주가가 매출액 대비 고평가 또는 저평가되었는지 확인해봐야 한다.

그리고 이것은 곱셈 및 나눗셈만 할 수 있으면 계산되는 **주가매출액비율**을 통해 알 수 있다. 주가 매출액 비율은 주로 당장의 수익성 보다는 미래 가치와 성장성을 고려하는 스타트업, 벤처기업 등의 주가를 판단하는 지표로 사용된다. 루시드모터스와 테슬라 사례를 같이 보도록 하자.

▶ 루시드모터스와 테슬라의 사례

2021년 2월 22일, 합병 발표 직후 투자자 프레젠테이션 자료가 공시됐다고 가정해보자.

루시드모터스의 ① 현 주가와 ② 투자자 프리젠테이션 자료에 나온 주식수Pro Forma Shares Ounstanding를 기입한다. ③ 두 개의 값을 곱하면 시가총

루시드모터스와 테슬라의 비교

구분	① 합병 발표일 현 주가(2/22)	② 주식수	③ 시가총액 (①X②)	④ 예상 매출액 (2023년)	⑤ PSR
루시드 모터스	57.37달러	16억 주	917억 7,500만 달러	55억 3,200만 달러	16.6배
테슬라	714.50달러	9억 6,000만 주	6,858억 1,300만 달러	661억 3,600만 달러	10.4배

액이 나온다. 그리고 ④ 투자자 프레젠테이션 자료에서 2023년도 예상 매출액을 찾아 기입한다. 초기 기업의 경우 매출액이 크지 않기 때문에 2년 뒤 매출액을 기준으로 잡았다. ⑤ 시가총액을 매출액으로 나누면 주가매출액비율PSR이 16.6배로 나온다.

테슬라도 현 주가와 주식수를 기입하여 시가총액을 구한다. 다만, 한 가지 문제는 2023년 매출을 예상해야 한다는 것이다. 일론 머스크도 정확히 맞추지 못할 테니 간단한 가정을 통해 산출해보자. 테슬라의 2020년도 매출액은 전년 대비 28% 성장했기 때문에 동일하게 매년 28% 성장한다고 가정해서 2023년도 예상 매출액을 약 661억 달러로 추정했다. 계산해보면 주가매출액비율은 10.4배이다.

참고로, 이미 상장된 기업들은 현 주가와 주식수를 활용해서 시가총액

테슬라의 시가총액

(출처: Yahoo Finance)

별도의 계산 과정 없이 테슬라의 시가총액Market Cap을 바로 확인할 수 있다.

을 구하기보다는 주식 사이트를 통해 바로 시가총액을 확인할 수 있다. 예를 들어 야후 파이낸스Finance.yahoo.com에 접속해서 테슬라를 검색(Tesla 또는 TSLA)하면 Market Cap(시가총액)을 볼 수 있다. 그리고 'Financials'을 클릭하면 테슬라의 2017년부터 2020년까지의 매출액도 확인할 수 있다.

다시 본론으로 돌아와서 주가매출액비율을 계산할 때 2023년 미래 매출액을 적용했고, 테슬라의 성장률도 작년 수준으로만 적용하는 프리미엄을 부여했음에도 루시드모터스는 테슬라 대비 주가매출액비율이 너무 높았다. 따라서 신규 진입보다는 관망을 해야 하는 타이밍이었고, 기존 주주들은 전량 매도 또는 일부 매도를 통한 수익 실현이 필요한 시점이었다. 물론 여러 반론이 있을 수 있다. '결과론이다' '테슬라가 절대 기준도 아니고 테슬라보다 더 높은 멀티플(기업가치평가)을 부여받을 수도 있다' '반대로 테슬라보다 멀티플이 낮다고 무조건 주가가 또 오르는 것도 아니다' '주가매출액비율 값만으로 주가가 움직인다면 주식으로 손해 보는 사람도 없을 것이다'라고 말이다. 틀린 말은 아니다. 그렇다면 시가총액을 보도록 하자.

합병 발표일 기준 루시드모터스의 시가총액은 918억 달러이었다. 원화로 환산하면 100조 원이 넘는다. 차량 한 대도 생산하지 않았고, 판매도 이루어지지 않은 회사가 말이다. 현대자동차의 시가총액은 50조 원 수준이다. 루시드모터스와 현대자동차의 잠재력이 다르다고 또 반박할 수 있다. 그렇다면 거대 전기차 시장을 보유한 중국 3대 전기차 회사의 시가총액을 살펴보자. 이미 차량을 판매하고 실적을 만들어내고 있는 기업들임에도 루시드모터스보다 시가총액이 작다.

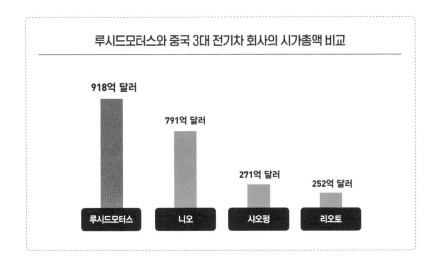

루시드모터스와 중국 3대 전기차 회사의 시가총액 비교

918억 달러 — 루시드모터스
791억 달러 — 니오
271억 달러 — 샤오펑
252억 달러 — 리오토

이렇게 시가총액과 주가매출액비율을 경쟁사와 비교해보면 루시드모터스는 상대적으로 매우 고평가된 상태임을 알 수 있다. 그래서 루시드모터스의 경우, 인수합병 발표 호재 뉴스에 기존 주주들은 전량 이익 실현 또는 일부 이익 실현을 고려해야 했고 잠재 투자자들은 신규 진입이 아닌 관망 포지션으로 기다려야 했다.

지금까지 투자자 프레젠테이션 자료를 살펴보았다. 앞으로 합병 발표가 나면 해당 자료를 찾아 기업의 개요, 사업 현황, 재무 정보를 파악해보자. 그리고 동일 섹터에 있는 경쟁 기업과 주가매출액비율을 비교해서 현재 주가가 상대적으로 고평가되었는지 반드시 계산해보자. 부록에 인수합병을 발표한 스팩을 모아 주가매출액비율을 계산하였고, 섹터별로 분리해놓았으니 참고하길 바란다.

합병 발표 이벤트로 주가가 상승하고 있다고 내용도 확인하지 않고

급한 마음에 열차에 올라타지 않길 바란다. 기존 투자자 및 합병 소식 직후 먼저 진입한 투자자가 기업가치 및 주가 적정성을 빠르게 판단할 것이다. 그리고 고평가되었다고 판단되면 바로 물량을 던질 것이고, 급하게 올라 탄 열차는 바로 방향을 바꿔 아래로 내려갈 것이나.

그리고 만약 자료를 확인했는데 바로 판단이 안 된다거나, 주가가 이미 너무 상승한 상황이라면 관망하는 것이 좋다. 왜냐하면 앞에서 보았듯이 합병 발표 이벤트가 끝나면 최종 합병 승인까지 3~5개월이 소요되기 때문이다. 그래서 급등한 스팩은 결국 고점을 찍고 하락하는 전형적인 패턴을 보여주며 매수 기회를 줄 것이다.

▶ 소셜 캐피털 헤도소피아 5의 사례

소파이를 인수합병하는 소셜 캐피털 헤도소피아 5의 사례를 다시 보도록 하자.

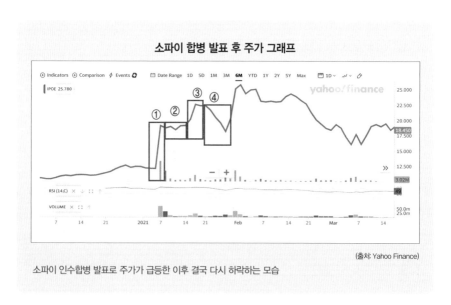

(출처: Yahoo Finance)

소파이 인수합병 발표로 주가가 급등한 이후 결국 다시 하락하는 모습

① 1월 7일, 인수합병 발표로 주가는 전날 대비 58% 상승한 19.14달러이다.

② 급등으로 진입하지 못한 투자자들은 조정이 오길 기다렸지만 일주일 동안 주가는 큰 변동 없이 유지가 됐다.

③ 그런데 오히려 주가가 상승하자 기존 주주들은 물량을 더 담았고, 잠재 투자자들은 기다림에 지쳐 진입을 시작했다. 해당 구간에서는 합병 발표로 급등한 주가보다 18%나 높은 22.59달러까지 상승했다.

④ 하지만 계속 상승할 것 같았던 소파이도 6일 동안 하락하며 고점 대비 약 20% 하락했다.

▶ 인수합병 발표 후 진입 시점

그렇다면 인수합병 발표 후에는 언제 진입해야 할까? 스터디를 통해 합병 이후에 유망한 기업이라고 판단되면, 주가 이동평균선과 RSI 보조지표를 참고하여 매수 타이밍을 기다린다. 물론 해당 지표 외 111개의 다양한 지표가 존재하지만(야후파이낸스 기준) 전문 트레이더가 아닌 이상 모든 지표를 알 수도 없고 사용할 수도 없다. 그래서 개인적으로는 고점에서 물리는 것을 피하는 관점에서는 위 두 가지 지표면 충분하다고 생각한다.

보통 15일 이동평균선과 RSI 50을 기준으로 1차로 진입한다. 그리고 헤지 차원에서 -5%, -10% 구간에서 분할 매수를 진행한다. 주가 이동평균선은 일정기간 동안의 주가를 산술 평균한 값인 주가 이동평균을 연결해 만든 선이다. 간단히 말해 주가의 평균치를 나타내는 지표이다. 15일 이동평균선을 계산하려면 최근 15일간의 주가(종가 기준)를 더한 후 15로 나눈다. 그리고 매일의 이 값을 선으로 연결하면 15일 주가 이동평균선이 된다. 5일, 20일, 60일, 120일 등 다양한 이동평균선이 있는데 15일을 선택한 것은 합병 발표 후 2주 정도가 지나야 해당 이벤트 효과가 사라져 주가 움직임이 제대로 보이기 시작할 것이라고 판단했기 때문이다.

RSI는 상대강도지수Relative Strength Index로 주가의 상승 압력과 하락 압력 간의 상대적인 강도를 나타낸다. 상승한 변화량이 크면 과매수로, 하락한 변화량이 크면 과매도로 판단하는 방식이다. 100을 기준으로 70 이상을 초과 매수 구간으로, 30 이하를 초과 매도 구간으로 본다. RSI 50을 기준으로 정한 것은 중간값이기 때문이고, 주식시장에 특이사항이 없을 경우 RSI 50 구간에서 진입해도 괜찮다고 생각한다.

소셜 캐피털 헤도소피아 5의 주가 그래프를 보면 합병 발표 20일 후인 1월 26일의 주가는 19.57달러이다. 이날 15일 이동평균선은 19.14달러였고, RSI는 64.39로 앞에서 언급한 진입 타이밍이 거의 갖춰졌다.

다음 날 1월 27일 15일 이동평균선을 터치하며 주가가 18.18달러로 내려왔고, RSI도 55.89이다. 당일 주가는 17.90달러에서 19.25달러에서 움직였다. 합병 발표 이후 가장 낮은 구간에서 진입할 수 있는 기회가 생긴 것이다. 투자 성향에 따라 해당 구간에서 매수를 완료할 수 있지만, 추가 하락 리스크가 있을 수 있기 때문에 항상 분할 매수를 권장한다. 그래서 첫 진입 때는 투자 자금의 25%, 첫 매수가 기준 −5% 구간에서 추가 25%, 그리고 −10% 구간에서 나머지 50%를 매수한다. 소파이의 경

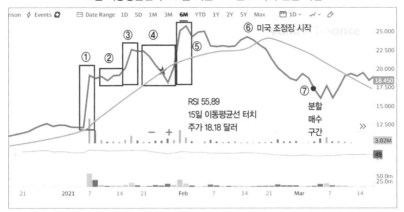

15일 이동평균선과 RSI를 기준으로 본 소파이 진입 시점

(출처: Yahoo Finance)

15일 이동평균선과 RSI를 통해 첫 진입 타이밍을 잡았고(★) 첫 매수가의 −5%, −10% 구간에서 분할 매수(●)가 이루어졌다.

우 ⑤ 1차 진입 후 주가가 크게 반등하였으나, ⑥ 2월 중순부터 시작된 미국 조정장으로 크게 하락했다.

첫 진입을 1월 27일 종가 18.18달러에 100주 매수한 것으로 가정하면 ⑦ 첫 매수가의 −5%인 17.27달러에 100주, 첫 매수가의 −10%인 16.36달러에 200주를 분할 매수하여 평단가가 17.04달러가 됐다.

현재 주가 18.45달러(2021년 3월 16일 기준)로 고점 대비 −28.4% 하락한 상황에서 +8.3% 수익이 날 수 있는 것이다. 이것은 15일 이동평균선과 RSI 50을 기준으로 고점 진입을 최대한 피하고, 분할 매수를 통해 평단가를 낮춘 결과이다. 물론, 매수 기간이 길어지고 주가가 상승하면서 목표 물량을 매수하지 못하는 경우의 수가 있지만 위험을 최대한 낮추려는 매수 방법 중 하나이다.

스팩투자 2단계는 1단계 대비 변동성이 크게 발생하지만, 합병 발표

분할 매수	진입 타이밍	매수		
		주가	수량	비중
1차	15일 이동평균선 + RSI 50	18.18달러	100	25%
2차	첫 매수가의 -5% 구간	17.27달러	100	25%
3차	첫 매수가의 -10% 구간	16.36달러	200	50%
	평균 단가	17.04달러	400	100%

후 하락이라는 전형적인 패턴이 있기 때문에 고점을 피해 진입하고, 분
할 매수로 추가 하락 리스크를 관리해나갈 수 있다. 그리고 공모가 10달
러 바닥이 여전히 보이기 때문에 투자자가 감내해야 할 리스크 또한 측
정이 가능하다.

스팩투자 2단계 포인트

1 투자자 프레젠테이션 자료 등을 통해 인수합병 기업을 파악하고, 기업가치 및 현 주가가 고평가됐는지 경쟁사들과 비교 평가한다.

2 합병 발표 이벤트로 급등한 주가는 하락하는 패턴을 보이기 때문에 성급하게 올라타지 않는다.

3 15일 이동평균선과 RSI 지표 50을 활용해서 첫 번째 진입 타이밍을 기다린다. 첫 번째 매수할 때는 투자 금액의 25%만 사용한다.

4 첫 번째 매수가 대비 -5% 하락 시점에서 투자 금액의 25%를, -10% 하락 시점에서 나머지 50%를 투자하여 리스크를 최소화한다.

※ 개인의 투자 경험 및 성향에 따라 추가 지표 활용 및 분할 매수 구간 및 금액 등을 조정하면 된다.

+ 3단계: 합병 승인 이후

지금부터는 공모가 10달러의 바닥이 사라지고, 주가 방향성이 위쪽뿐만 아니라 아래쪽으로도 모두 열리게 된다. 그리고 합병 루머, 합병 발표 및 최종 합병이라는 이벤트가 모두 사라지게 되어 회사의 실적과 펀더멘털로 철저히 평가받게 된다.

대다수 스팩으로 상장하는 기업들은 현재 탄탄한 실적을 보유한 기업보다는 자금조달을 통해 앞으로 비즈니스를 확대하려는 회사들이다. 그래서 시장 기대 수준의 성장성을 보여주지 못하거나, 주식시장이 좋지 않아 미래 가치에 높은 점수를 주기 어려워지면 주가가 크게 하락하거나 공모가 아래로 내려갈 수 있다. 실제로 2020년부터 2021년 3월 12일까지 상장 완료된 기업 중 28.9%는 2021년 3월 17일 종가 기준으로 공모가 아래에서 거래되고 있다.

단기적으로도 최종 합병 시점에서 기대감만으로 주가가 너무 고평가되어 있으면 합병 승인 이후 급락하는 경우도 종종 볼 수 있다. 다음 표의 3개 기업을 보면 합병 승인 시점 주가가 너무 고평가되어 있어 짧은 기간 동안 주가가 −30% 이상 크게 하락했다.

그리고 락업 해제일도 고려해야 한다. 락업이란 상장 후 스폰서, 회사 내부자 및 파이프 투자자의 주식 거래를 방지하는 것이다. 많은 주식 물량을 갖고 있어서 상장 직후 매도하기 시작하면 일반 투자자에게 주가 하락에 따른 피해를 줄 수 있기 때문이다. 락업 기간은 각 기업별로 상이하지만 일반적으로 파이프의 락업 기간은 0~45일 정도 후에 해제된다.

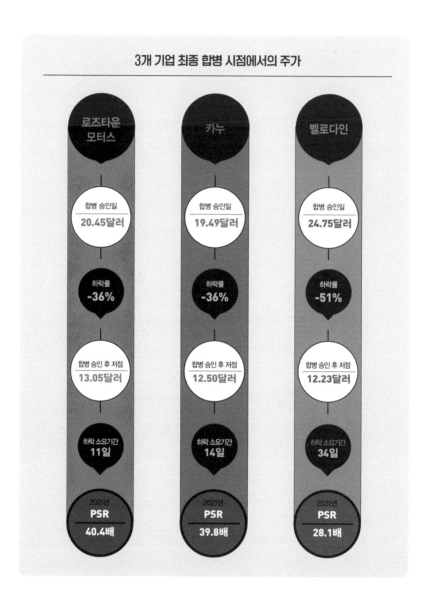

3개 기업 최종 합병 시점에서의 주가

로즈타운 모터스	카누	벨로다인
합병 승인일 **20.45달러**	합병 승인일 **19.49달러**	합병 승인일 **24.75달러**
하락률 **-36%**	하락률 **-36%**	하락률 **-51%**
합병 승인 후 저점 **13.05달러**	합병 승인 후 저점 **12.50달러**	합병 승인 후 저점 **12.23달러**
하락 소요기간 **11일**	하락 소요기간 **14일**	하락 소요기간 **34일**
2021년 **PSR** **40.4배**	2021년 **PSR** **39.8배**	2021년 **PSR** **28.1배**

그리고 스폰서 등 특정 주주의 경우는 2개월, 3개월, 5개월, 6개월, 12개월, 18개월, 24개월로 다양하다.

▶ 락업 기간이 없었던 벨로다인 사례

파이프 물량에 대한 락업 기간이 없었던 라이다 센서 제조업체 벨로다인VLDR 사례를 보자.

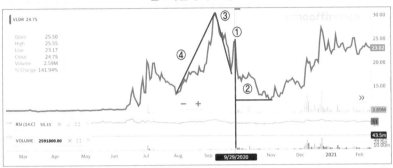

(출처: Yahoo Finance)

합병이 완료됨에 따라 파이프 물량에 대한 락업이 해제되는 시점과 맞물려 주가가 크게 하락하는 모습

① 9월 29일, 합병이 완료됨에 따라 파이프 물량에 대한 락업이 해제되었다.

② 합병 완료 당시 24.75달러였던 주가는 한 달 동안 -51% 하락하며 12.23달러까지 내려왔다. 물론 파이프 락업 물량 해제가 100% 폭락의 원인으로 지목하는 것은 아니다. 파이프 물량은 1,500만 주로 엄청 많아 보이지만 전체 구성비로 보면 8.5% 수준이다. 그리고 파이프 투자자가 전부 매도했다고 장담할 수도 없다.

③ 합병 완료 한 달 전부터 주가가 크게 조정받은 것을 보면 합병 완료 직후의 주가 방향을 시장에서는 부정적으로 본 것으로 보인다.

④ 9월 9일 주가는 30.43달러로 공모가 대비 3배 이상 상승했으므로 이익실현 구간이라고 볼 수도 있다.

여러 가지 상황을 종합해보면 3단계부터는 기대감보다는 실적으로 평가를 받는데, 합병 완료일 기준 주가가 너무 고평가됐고(공모가 대비 2.5배 상승, 2020년 주가매출액비율 42배), 파이프 락업 물량 해제가 트리거가 되어 주가 하락이 더 강하게 나타난 것으로 보인다.

벨로다인은 약 1억 달러로 매출액이 작았고, 로즈타운 모터스와 카누의 경우 2020년도 매출액이 전혀 없었다. 하지만 앞서 스팩투자 상장 3단계에서 살펴본 드래프트킹스의 사례를 보면 합병 승인 이후에도 주가가 우상향하는 모습을 보여줬다. 5억 4,000만 달러 규모의 사업 실적을 가지고 있었고, 2021년 주가매출액비율은 6.8배로 3개 기업과 비교해도 현저히 낮았다. 해당 섹터가 다르기 때문이라고 말할 수 있겠지만 최소한 합병 승인 시점에서 어떤 종목이 고평가되었는지 부정하기는 어려울 것이다.

3단계 투자 시점에서는 현 주가가 기업의 실적과 펀더멘털에 비해 고평가 여부를 판단하는 것이 가장 중요하다. 지금부터는 막연한 기대감과 미래의 보기 좋은 청사진만으로는 부족하다. 판단이 잘 되지 않을 경우는 기계적으로 합병 승인 후 한 달 정도 관망하는 것도 좋다. 합병 이

스팩투자 3단계 포인트

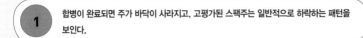

1 합병이 완료되면 주가 바닥이 사라지고, 고평가된 스팩주는 일반적으로 하락하는 패턴을 보인다.

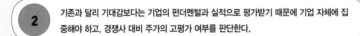

2 기존과 달리 기대감보다는 기업의 펀더멘털과 실적으로 평가받기 때문에 기업 자체에 집중해야 하고, 경쟁사 대비 주가의 고평가 여부를 판단한다.

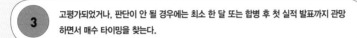

3 고평가되었거나, 판단이 안 될 경우에는 최소 한 달 또는 합병 후 첫 실적 발표까지 관망하면서 매수 타이밍을 찾는다.

벤트 효과가 끝나고 나면 주가 방향성이 제대로 보일 것이다. 좀 더 보수적으로 접근한다면 합병 이후 첫 실적 발표와 그에 대한 시장의 반응을 본 후 진입 타이밍을 잡는 것도 괜찮다. 개인적으로 전통적인 기업공개로 상장한 기업도 상장 직후에는 투자하지 않고 1~3개월 정도 지켜보는데, 스팩을 통해 상장한 기업도 조심할 필요가 있다.

스팩의 바다에서
보물 스팩주를 고르는 방법

지금까지 단계별 투자 타이밍 및 투자 판단 요소를 살펴보았다. 그렇다면 어느 단계에서 투자하는 게 좋은지에 대한 궁금증이 생긴다. 이에 대해 크게 예상 위험, 기대수익, 투자 기회비용 측면에서 상대적인 관점으로 바라보자.

위험이 가장 낮은 단계는 실제 공모가라는 바닥이 있는 1단계이고, 가장 높은 단계는 바닥이 사라지고 일반 주식처럼 거래되는 3단계이다. 그리고 2단계는 바닥이 여전히 존재하지만, 일반적으로 1단계 때보다 매수가가 높기 때문에 1단계와 3단계 사이에 위험이 있다고 볼 수 있다.

기대수익은 동일 종목 기준 시 공모가 또는 공모가 인근에 매수가 가능한 1단계 수익률이 가장 높을 수밖에 없다. 2단계 그리고 3단계는 다양한 매수 가격이 분포하므로 어느 단계가 더 높은 수익률이 기대된다고 일반화하기는 어렵다.

마지막으로 투자 기회비용은 스팩 상장이라는 특수성에서 나온 것이다. 스팩이 2년이라는 시간 동안 기업을 찾아 인수합병을 통해 상장기업이 되는 것이다. 그래서 최대 2년이라는 기회비용이 발생한다. 3단계부터는 이미 상장기업이 되었기 때문에 투자 기회비용이 없는 것이다. 그리고 2단계에서는 인수합병 기업과 계약이 체결된 상황으로 일반적으로 3~5개월 정도만 기다리면 된다. 그런데 1단계에서는 인수합병 기업을 찾고 협상하는 데 많은 시간이 필요하다. 다시 말해 돈이 오랜기간 묶이다 보니 기회비용이 가장 크다.

단계별 리스크, 기대수익, 투자 기회비용

구분	1단계	2단계	3단계
리스크	저	중	고
기대수익	상	중	중
투자 기회비용	높음	낮음	없음

여러분은 몇 단계에서 스팩투자를 하고 싶은가?

투자 성향에 따라 다르겠지만, 개인적으로 1단계 투자를 선호하며 잠재 스팩 투자자에게도 1단계 투자를 권장한다. 다시 말해 '인수합병 기업을 찾고 있는 10달러 인근 유망 스팩주'에 투자하라는 것이다. 주식투자는 '하이 리스크 하이 리턴High Risk, High Return(고위험 고수익)'이다. 그런데 이런 투자 업계의 불문율을 깨고 스팩투자 1단계에서는 '로우 리스크 하이 리턴Low Risk High Return(저위험 고수익)' 투자가 가능하게 된다. 스팩 이외에는 이런 투자법은 없다. 투자하지 않을 이유가 전혀 없는 것이다. 투자 기회비용이 높다는 점은 인정한다. 하지만 스팩투자를 현금 보유 대체재로 인식을 바꾸면 투자 기회비용이 높다는 단점은 사라질 수 있다. 정기 예금이나 적금과는 달리, 만약 확실한 투자처가 있다면 바로 현금

화해서 사용할 수 있다. 특히 하락장에서는 일반주 주가는 크게 떨어지는데, 스팩주는 하락폭이 제한된다. 그래서 스팩주를 현금화하여 주가가 높아 매수하지 못했던 일반주를 할인된 가격에 매수할 수도 있다. 물론 상승장에서는 합병 기대감에 주가에 프리미엄이 붙을 것이고, 좋은 기업을 찾으면 더 큰 수익을 가져갈 수도 있다.

+ 1단계에서 유망 스팩 고르는 법

그럼 1단계에서 유망 스팩을 고르는 방법을 보도록 하자. 현재 인수합병 기업을 찾고 있는 400여 개의 스팩이 존재한다. 이 중에는 인수합병 기업을 찾지 못해 청산되는 회사가 있을 것이고, 인수합병 마감기한이 임박해서 부실한 기업을 인수합병하는 회사도 있을 것이다. 그리고 유망한 기업을 빠르게 찾아 우리에게 큰 수익을 가져다줄 회사 또한 있다. 후자에 해당하는 될성부른 나무의 떡잎을 어떻게 찾을 수 있을까? 스팩을 선택할 때는 최소 다음 7개 항목을 살펴보아야 한다.

▶ 첫째, 우수한 경영진

미국 주식시장에는 많은 상장은행이 있다. 그리고 은행은 주로 예금을 받고, 대출을 해주기 때문에 은행들 간에 차별성이 없는 산업군에 해당한다. 하지만 최고의 은행과 최악의 은행 사이에는 엄청난 차이가 있는데, 그것이 바로 은행을 운영하는 사람들의 역량과 자질이다.

스팩 또한 마찬가지다. 경영진이 우수해야 유망한 기업을 찾아 협상하고, 합병에 성공할 가능성이 커진다. 그래서 스팩의 경영진에 거물급 스타가 있는지 확인해야 한다. 거물급 스타에 대한 명확한 기준은 없지만, 예를 들어 포천 500대 기업 및 유망 스타트업 창업자 및 전 임원, 월스트리트의 유명한 투자회사나 투자가 등이 포함될 수 있다. 요즘에는 스포츠 스타 등 셀럽들이 스팩의 이사회 맴버나 전략적 자문으로 참여하고 있는데, 주로 투자자들을 모으는 홍보인 역할이라고 보면 된다. 그래서 셀럽만을 보고 스팩을 선택해서는 안 된다. 다만, 우수한 경영진에 셀럽이 참여한 경우에는 나쁘지 않다고 생각한다.

▶ 둘째, 스팩회사의 과거 이력

첫 번째 스팩인 경우도 많지만, 두 개 이상의 스팩을 상장시키는 회사들도 있다. 과거의 성공적인 성과가 미래를 보장하지는 않지만 고기도 먹어본 사람이 먹는다고 좋은 기업을 찾은 경험이 있으니 다시 좋은 기업을 찾을 가능성이 크다고 보는 것이다. 그리고 스팩 상장을 진행한 경험과 노하우에 보너스 점수를 주는 것이다. 또한 기존 스팩이 인수합병 대상 기업을 찾으면서 시장에 대한 조사를 했고, 복수의 잠재 타깃 리스트를 확보하고 있을 것이다. 그래서 신규 스팩보다 상대적으로 빠르게 인수합병 대상 기업을 찾을 수도 있다.

▶ 셋째, 인수합병 기업을 찾는 섹터

스팩은 다양한 섹터에서 인수합병 기업을 찾는다. 테크, 헬스케어 및 핀테크 상위 3개 섹터가 전체 75%를 차지하고 있다. 구성비가 높다고 좋은 섹터이거나, 구성비가 낮다고 나쁜 섹터를 의미하는 것은 아니다. 투

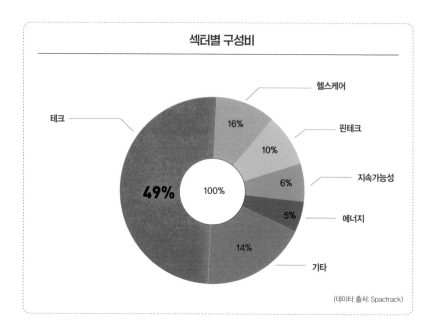

자자가 관심 있는 섹터의 스팩에 투자하는 것도 좋지만, 시장의 관심도
가 높은 섹터의 스팩에 투자하는 것도 좋은 방법 중 하나이다. 예를 들
어 전기차가 주목을 받을 때는 전기차, 배터리 등을 포함할 수 있는 지속
가능성Sustainability 섹터를 선택해서 루머 및 합병 이벤트에 따른 추가적인
프리미엄을 받을 수 있다.

▶ 넷째, 스팩 규모

스팩은 1억 달러 미만부터 10억 달러 이상까지 다양한 규모로 상장된
다. 5억 달러 미만 규모가 전체의 88%를 차지하고 있기 때문에 5억 달
러 이상이면 규모가 큰 스팩이라고 정의할 수 있다.

　스팩이 너무 많기 때문에 스팩을 선정할 때 종종 스팩 규모를 사용한

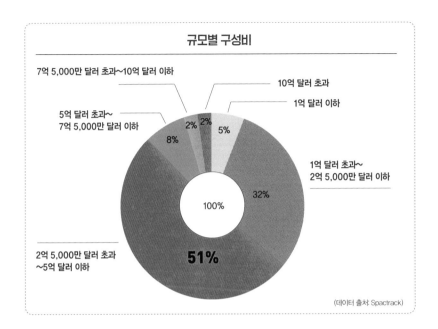

규모별 구성비

7억 5,000만 달러 초과~10억 달러 이하

10억 달러 초과

1억 달러 이하

5억 달러 초과~
7억 5,000만 달러 이하

2% 2% 5%

8%

1억 달러 초과~
2억 5,000만 달러 이하

32%

100%

51%

2억 5,000만 달러 초과
~5억 달러 이하

(데이터 출처: Spactrack)

다. 개인적으로 2억 5,000만 달러 이하 스팩은 제거한다. 영국 바클레이 즈 은행에서 1억 달러, 1억~2억 5,000만 달러, 2억 5,000만 달러 초과 3 개 구간을 대상으로 수익률을 비교했는데, 2억 5,000만 달러 초과 스팩 의 경우가 수익률이 가장 높았기 때문이다. 그리고 스팩 규모가 클수록 스폰서가 보유한 지분 금액이 큰데, 인수합병 기업을 찾지 못할 경우 해 당 지분은 휴짓조각이 되기 때문에 투자 손실이 크다. 반대로 좋은 기업 을 찾을 경우 이익이 더 커지기 때문에 스폰서에게는 큰 동기부여가 된 다. 또한 스팩 규모가 크면 신생 스타트업이 아닌 이미 비즈니스 규모를 갖춘 인수합병 대상 기업을 찾을 가능성이 커진다.

그렇다고 2억 5,000만 달러 이하 스팩이 무조건 수익이 나쁘다는 것 은 아니다. 필자의 경우도 과거 지속가능성 섹터 기준으로 10달러 인근 스팩주를 찾을 때 2억 5,000만 달러 이하는 제거했었다. 그런데 제거된 리스트에는 전기 버스 제조업체 프로테라ACTC와 전기차 배터리 제조업체 마이크로 베스트THCB가 포함되어 있었다. 규모는 각각 2억 5,000만 달러 및 2억 4,000만 달러였다. 그 이후로는 기준을 낮춰 2억 달러 미만부터 제거하고 있다. 스팩을 선택할 때는 최소 2억 달러 이상 규모의 스팩을 선택하도록 하자.

▶ 다섯째, 인수합병 기한

스팩 상장 후 2년 동안 합병을 완료해야 한다. 최근 상장한 스팩을 매수하면 최대 2년을 기다려야 한다. 때문에 기다리는 시간을 줄이기 위해 스팩투자 초기에는 상장 후 6~12개월 지난 스팩을 선택했고, 합병 기한이 6개월 남은 18개월 된 스팩은 고려하지 않았다. 스폰서가 손실을 입지 않기 위해 부실한 기업과도 합병할 수 있기 때문이다. 하지만 최근에는 6개월 남은 스팩을 제외하고는 어느 시점의 스팩을 선택해도 괜찮다고 판단한다. 왜냐하면 과거 대비 스팩 상장이 활성화되면서 인수합병 기간이 계속 짧아지고 있기 때문이다.

2018년도에 스팩으로 상장된 기업은 평균 756일이 소요됐다. 놀랍게도 2년이 넘었다. 기간을 연장하면 최대 3년까지도 가능하기 때문에 불가능한 기간은 아니다. 그런데 2019년도에는 평균 525일 소요됐고, 2020년도에는 242일로 기간이 크게 줄어들었다. 그리고 2020년 기준 가장 늦게 합병된 10개 기업의 평균을 확인해보니 196일로 6.4개월밖에 소요되지 않았다. 오랜 기간 기다려야 하는 초기 투자자를 위해 워런트를 선물로 주는 유닛을 상장 초기에 10달러 인근에서 매수하는 전략도 괜찮다. 과거에는 오래 기다려야 했지만 지금은 상황이 달라졌다.

다만 합병 기한이 6개월 남은 스팩은 피하도록 하자. 좋은 기업을 찾을 수도 있겠지만 시간에 쫓겨 그저 그런 기업과 합병을 추진할 수도 있다. 투자자가 선택할 수 있는 유망한 스팩들이 너무 많기 때문에 특정 스팩에 목을 맬 필요는 없다고 생각한다.

▶ 여섯째, 주가

상장 후 인수합병 발표 전까지 공모가 10달러 인근에서 횡보하는 움직임이 일반적이다. 다만 주식시장이 활황일 경우, 스팩시장에도 자금이 유입되어 프리미엄이 많이 붙는다. 고수익을 추구하는 투자자일수록 앞에서 설명한 5가지 사항 등을 고려해 1단계 시점부터 미리 투자에 들어가는 경우가 많다. 이런 경우 인수합병 대상이 정해지지 않았음에도 기본 10%에서 많게는 20~40%까지 상승한 종목이 등장한다. 하지만 높은 프리미엄을 주고 들어갔다가 주식시장이 나빠지거나, 합병 소식이 늦어지거나, 그저 그런 기업과 합병할 경우 프리미엄은 거품이 되어 주가가 쉽게 폭락할 가능성이 크다. 그래서 프리미엄이 많이 붙은 스팩은 매우 조심해야 한다.

잃지 않고 지키는 투자를 해야 한다. '로우 리스크 하이 리턴' 투자를 위해 스팩을 선택했는데, '하이 리스크 하이 리턴'으로 돌아가는 선택을 해서는 안 된다. 반드시 공모가 10달러 인근 스팩을 매수해야 하고, 공모가에서 멀어지는 만큼의 리스크는 분할 매수를 이용해 최대한 낮추도록 하자. 스팩투자는 특성상 인내와 기다림이 필요하기 때문에 너무 급한 마음으로 눈앞에 보이는 것만을 좇지 않는 것이 중요하다.

▶ 일곱째, 상장 주관사

정확한 영문 명칭은 언더라이터UnderWriter(증권인수업자: 유가증권의 인수업무를 주로 하는 기업)이고 UW로 지칭된다. 스팩의 주가 성과와는 관련성이 낮지만, 주관사는 상장 구조를 만들고 기업공개를 실행하는 매우 중요한 역할을 하는 투자은행이다. 같은 값이면 다홍치마라고 상위권 주관사 여부인지 확인하자.

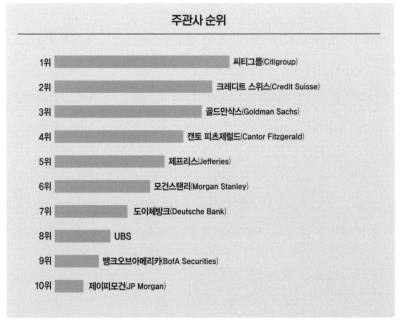

(출처: Spacresearch, 2020년~ 2021년 3월 20일, 북러너볼륨 기준)

'매수'가 기술이라면
'매도'는 예술이다

매수는 기술이고 매도는 예술이라는 말이 있다. 매도 타이밍을 잡기가 더 어렵다는 의미이다. AI로봇을 통한 인공지능 주식 자동매매 프로그램에게는 매수나 매도나 똑같다. 알고리즘에 따라 기계적으로 트레이딩하기 때문이다. 그러나 투자자는 주식을 소유한 순간부터 생각이 많아지고 감정에 따라 움직이는 경향이 강해진다. 이런 경험은 누구나 한번쯤 했을 것이다. 예를 들어 주가가 더 오를 것이라는 막연한 믿음에 팔지 않고 있다가 오히려 떨어져 이익이 줄거나 손해가 발생한 경우이다. 또는 주가가 조금 상승했는데 떨어지면 어쩌나 하는 불안한 마음에 너무 빨리 팔아버려서 추가 이익을 놓치는 경우 등이다.

이는 매매 규칙과 기준 없이 감정과 분위기 등에 따라 의사결정이 이루어진 것이다. 물론 고점과 저점은 누구도 알 수 없다. 하지만 감정에 따라 움직이면서 내 돈을 운에 맡기기보다는 최소한 스팩 주가 변화 패턴 등을 매도 타이밍에 활용해보도록 하자.

+스팩 매도 시점 3가지

▶ 첫째, 인수합병 발표 시점

10달러 근처에서 매수한 스팩이 어떤 기업을 인수합병 대상 기업으로 찾았는지 알 수 있는 날이다. 그래서 발표되는 인수합병 기업이 어떤 곳이냐에 따라 주가가 크게 상승하기도 하고, 별 반응이 없을 수도 있다. 이때 투자자가 가장 먼저 해야 할 것은 앞에서 설명한 것처럼 투자자 프레젠테이션을 통해 인수합병 회사의 가치가 과대평가되어 계약이 체결됐는지를 빨리 확인하는 것이다.

시장에서 받아들이기 힘들 정도로 높게 기업가치가 부여되었다면 바로 전량 매도해야 한다. 물론 합병 발표 이벤트 효과로 일시적으로 주가가 상승할 수 있지만 약간의 이익에 만족하고 과감하게 탈출해야 한다. 그리고 기업가치 고평가 여부와 상관없이 미래 성장 가능성이 유망한 회사로 판단되지 않는다면 이 또한 전량 매도해야 한다.

남은 경우의 수는 기업가치평가가 적정하고, 성장 가능성이 유망한 기업인 경우이다. 이때 중요하게 고려해야 하는 요소는 인수합병 발표 당일 주가 움직임이다. 대외 환경에 따라 기업가치평가가 적정하고 유망한 기업임에도 주가 변동이 크지 않을 수 있다. 이 경우에는 추후 대외 환경이 바뀌거나, 최종 합병 이벤트로 상승할 수 있기 때문에 홀딩한다.

가장 어려운 시나리오는 주가가 크게 상승하는 경우이다. 기업가치도 적정하고, 유망한 기업이고, 주가도 크게 상승하고 있는 인기 스팩주인 경우이다. 합병 발표 이벤트 효과가 사라지면 인기 스팩주도 조정을 받기 때문에 전량 매도 후 저점에서 다시 매수하는 전략을 쓸 수 있다. 하지만 저점에서 재진입할 수 있다는 보장이 없고, 시간이 지나서 되돌아 보면 매도한 곳이 높은 지점이 아닌 경우도 많다.

반대로 장기 보유 목적으로 홀딩할 수 있지만 급등 후 조정을 받게 되면 전자의 전략을 쓰지 않은 것을 후회할 수도 있다. 그래서 주가가 급 등하면 50%는 익절해서 수익을 확보하고, 패턴상 하락하면 2~3차례 나 눠서 추가로 매수한 후 장기로 가져가는 전략을 쓴다.

스팩투자의 경험과 시행착오에서 나온 하나의 팁으로 각자의 경험과 상황에 따라 그대로 적용하거나 기준을 변형해서 사용하면 된다.

인수합병 발표일 기준 매매 전략

구분		주가	
		+8% 이상 상승	8% 이하 변동
기업 가치	고평가	전량 매도	전량 매도
	적정 범위	• 유망 기업: 50% 익절 + 패턴에 따른 하락 시 추가 분할 매수 • 비유망 기업: 전량 매도	• 유망 기업: 홀딩 • 비유망 기업: 전량 매도

▶ 둘째, 인수합병 최종 승인 투표일

주주 투표로 인수합병이 최종 승인되면 스팩주가 일반주로 다시 태어나 는 날이다. 유망한 기업이라고 판단했기 때문에 합병 직전까지 보유한 것이다. 하지만 해당 시점에서 해당 기업을 재평가해볼 필요가 있다. 10 달러 지지선 및 합병 관련 이벤트 등 스팩주 특성으로 인한 이점이 모두 사라지고, 일반주와 똑같이 시장에서 평가받을 때 정말 경쟁력 있는 기업인지 확신이 들지 않는다면 매도를 고려해야 한다. 확신이 든다고 해도 50%만 매도하는 것을 권장한다. 이유는 크게 다음 두 가지 때문이다.

첫째, 확률적으로 합병 후 상승하는 기업보다 하락하는 경우가 더 많고, 둘째, 한국에서는 며칠 동안 거래가 중지되기 때문이다. 일반적으로 최종 승인 투표 후 다음 날 티커 심볼이 변경되거나 며칠 뒤 변경되어 거래된다. 그런데 한국에서는 티커 심볼이 변경되려면 추가적으로 약 3~4일은 더 기다려야 하고 그동안 매도할 수 없다. 최악의 경우 주가가 크게 하락하는 상황에서 대응할 수 없게 된다는 의미이다. 너무 조심스러운 접근일 수 있고, 롱텀 투자자에게는 불필요한 대응일 수도 있다. 하지만 돈을 지키려는 방안이니 최종 승인 투표일 2~3일 전에 개인의 투자 성향과 상황에 따라 0~50% 범위에서 매도하는 것을 검토해보자.

▶ 셋째, 합병이 완료된 이후

합병이 완료된 이후부터는 스팩주가 갖는 특정 패턴이 사라지기 때문에 일반 주식과 동일하게 대응한다. 즉 매도 타이밍은 매수한 이유가 약해지거나 사라졌을 때이다. 그리고 투자자 프레젠테이션에 언급된 사업 계획대로 비즈니스가 흘러가지 않을 때이다. 모든 사업이 계획대로 흘러갈 수는 없다. 하지만 현실성 없이 과대 포장된 계획인지, 큰 틀에서 진행 과정에 있는 것인지를 판단해야 한다. '소유 효과 편향(자산의 소유권을 갖지 않은 경우보다 가진 경우 그 자산의 가치를 더 높게 평가하는 경향)'이라는 용어가 있다. 무엇이든 소유하게 되면 이전보다 훨씬 높게 그 가치를 평가한다는 심리학 용어이다. 주식투자에 적용해보면 좋지 않은 시그널들이 보이고 주가가 하락하고 있음에도 내가 매수한 종목은 미래가 있는 종목이니 결국 상승할 것이라는 믿음에 빠진다. 나중에는 너무 하락해서 매도할 수 없게 되어 강제로 존버하게 된다. 주식과 무조건적인 사랑에 빠지지 말고, 사랑했던 이유가 사라지면 쿨하게 보내주도록 하자.

스팩주 투자 시 피해야 할 위험한 행동들

· 소문/루머를 믿지 말자

스팩투자를 하다 보면 출처 없는 소문과 루머가 정말 많이 들린다. 주로 개인 투자자가 해당 스팩을 조사하면서 알게 된 내용이 특정 기업과 연결되면서부터 시작된다. 여기에 불특정 다수의 생각과 의견이 더해지면서 명탐정 코난에 나오는 수준의 추리가 펼쳐진다. 계속해서 보고 듣다 보면 정말 그럴싸하게 느껴진다. 그리고 주가에는 프리미엄이 붙기 시작하고, 공모가 10달러와 멀어진 가격으로 매수가 이루어진다. 결국 대다수의 루머는 사실이 아닌 것으로 드러나고 실체 없는 프리미엄은 쉽게 무너져 손실을 입는다.

다만, 블룸버그 및 로이터발 루머는 사실일 가능성이 크다. 이럴 때는 해당 기업에 대한 조사를 통해 유망 기업 여부를 판단한다. 그리고 현 주가 수준을 고려해 감당할 수 있는 리스크 범위 내에서 매수를 검토해야 한다.

· 오르는 주가에 올라타지 말자

주식투자를 할 때 일반적으로 많이 하는 조언이지만, 스팩주의 경우 특히 더 명심해야 한다. 유망 기업일 경우 루머 또는 인수합병 발표만으로 하루 만에 주가는 폭발적으로 상승하기도 한다. 실적과 관련 없는 성격의 이벤트로 인한 상승은 지속성을 갖기보다는 대부분 일회성으로 끝난다. 며칠 주가 상승이 이어진 후 하락하는 경우도 있지만 최근에는 당일 급등 후 바로 급락하는 경우도 많다. 때문에 급한 마음에 급등하는 스팩에 올라타지 않길 바란다. 시간이 조금 지나면 다시 내려오므로 기다려보자.

·10달러 인근 매수를 절대 잊지 말자

처음 스팩투자를 시작하면 바닥이 있는 주식투자인 특성을 잘 살려 공모가 근처에서 매수를 잘한다. 불안하기도 하고 조심스럽기 때문에 원칙을 잘 지킨다. 하지만 몇 번의 주가 상승을 경험하게 되면 해당 원칙은 금방 잊어버리고 11달러, 11.5달러, 12달러 이상 점점 매수 가격대가 높아진다. 이렇게 프리미엄이 붙었다는 의미는 시장에서 많이 회자되는 종목이고, 인기 있는 기업과 연결되고 있다는 의미이기도 하다. 이때 높은 수익률에 대한 기대감으로 눈이 흐려져 리스크가 잘 안 보이게 된다. 리스크가 작은 투자를 하기 위해 스팩투자를 시작했지만 결국 자기도 모르는 사이에 투기적 성향으로 변해간다. 그래서 공모가에서 너무 멀어지게 되어 스팩투자가 오히려 일반 성장주 투자보다 더 위험해지기도 한다. 투자 원금을 지키는 투자를 하기 위해서 공모가 10달러 인근 매수를 절대 잊지 말자.

스팩주 ETF 3가지 종목의 차이점을 파악하라

미국에 상장된 스팩 ETF는 총 3종이다. 최근 주식시장에 스팩붐이 불면서 만들어졌기 때문에 3종 ETF 모두 운용된 지 1년도 안 된 신생 ETF이다.

+SPAK | Defiance Next Gen SPAC Derived

2020년 9월 말에 상장된 미국 최초 스팩 ETF이다. 스팩을 통해 이미 상장한 기업에 60%, 나머지 40%는 스팩에 투자되고 있다. 최초 스팩 ETF라는 점에 높은 점수를 주고 싶지만 이미 스팩을 통해 상장한 기업과 인수합병 기업을 찾은 스팩에 대한 비중이 높아 투자자가 감내해야 할 리스크가 커질 수 있다. 바닥이 있는 스팩투자의 특성을 100% 살리지 못했다고 생각한다.

+SPCX | The SPAC and New Issue

대다수 종목이 인수합병 기업을 찾고 있는 스팩주이다. 그래서 하방 리스크가 제한되기 때문에 스팩의 특성을 100% 활용한 ETF이다. 개별 스팩주 선정에 어려움을 겪고 있다면 좋은 대안이 될 수 있다. 하지만 약 70여 개의 스팩에 분산 투자되어 있어 개별 스팩투자 대비 높은 수익을 기대하기 어렵고, 합병 발표된 유망 스팩에 대한 장기 투자가 불확실한 포트폴리오 구성을 가지고 있다.

+SPXZ | Morgan Creek Exos SPAC Originated ETF

가장 최근에 상장된 ETF로 이미 상장한 기업에 66%, 나머지는 스팩에 투자한다. 최초 스팩인 SPAK와 큰 차이가 없어 보인다. 차라리 SPAK와 SPCX의 장단점을 반영해서 이미 상장한 기업 35%, 인수합병 기업을 찾는 스팩 65% 정도의 포트폴리오로 구성했으면 하는 아쉬움이 있다. 인수합병 기업을 찾는 스팩의 비중을 높여 투자 리스크를 줄이고, 이 중에서 유망한 기업이 나오면 그대로 유지하여 장기투자가 가능하게 말이다.

모든 스팩 ETF는 운용사가 합병과 관련된 다양한 이벤트에 따라 실시간으로 대응하지 못하면 스팩의 특수성을 살리지 못해 이익을 극대화할 수 없게 된다. 그렇다고 3개의 ETF가 무용지물은 아니다. 각 ETF의 보유 종목을 확인해서 인수합병 기업을 찾고 있는 10달러 인근 스팩주를 찾을 수 있다. 스팩 ETF를 전문으로 운용하는 회사이기 때문에 정보력이 개인 투자자보다 빠르고 많다. 그래서 주기적인 모니터링을 통해 구성비가 높거나 갑자기 비중이 늘어난 종목을 찾아 개별 종목에 투자하는 것이다. 반대로 비중이 크게 줄거나 포트폴리오에서 빠진 종목이 있는지도 살펴보자.

스팩주 ETF 3종목 비교

명칭	Defiance Next Gen SPAC Derived	The SPAC and New Issue	Morgan Creek Exos SPAC Originated ETF
티커 심볼	SPAK	SPCX	SPXZ
운용사	Defiance ETFs	Tuttle Tactical Management, LLC	MCCM Group LLC
운용일	2020-9-30	2020-12-16	2021-1-20
수수료	0.45%	0.95%	1%
운용규모	8,100만 달러	1억 3,900만 달러	3,500만 달러
일평균 거래대금	600만 달러	1,200만 달러	300만 달러
보유종목	176개	73개	91개
성과(YTD)	1.29%	12.18%	-13%

(데이터 출처: ETF닷컴, 2021년 3월 23일)

투자 판단의 근거가 되는 정보는 어디에서 찾을 것인가

✛ 에드가(EDGAR, www.sec.gov/edgar.shtml)

미국 증권거래위원회의 전자공시 사이트이다. 기업명 또는 티커 검색을 통해 해당 기업의 다양한 공시 자료를 확인할 수 있다.

▶ 사례를 통해 S-1 문서 살펴보기

스팩의 주요 정보가 있는 공시 자료로, 미국 증권거래위원회에 제출해야 하는 증권신고서Registration Statement이다. 주식을 발행할 때 투자자들에게 오퍼Offer하는 문서로 구체적인 명칭은 'S-1'이다. 미국 증권거래위원회의 전자공시 시스템 에드가를 통해 'S-1' 문서를 볼 수 있다. 에드가에 접속한 후 검색창에 기업명이나 티커 심볼을 입력한다. 다음 예시는 2021년 2월 2일 상장한 Ares Acquisition Corp(아레스 어퀴지션 코퍼레이션, 이하 'AAC')으로 티커 심볼은 AAC이다.

에드가에서 검색한 AAC

(출처: EDGAR)

에드가 검색창에 찾고자 하는 스팩명을 입력하면 자동으로 유사 검색 목록이 나타나고 찾고자 하는 종목을 클릭하면 된다.

검색 결과를 보면 다양한 문서들이 나타날 것이다. 하단에 보면 S-1 문서뿐만 아니라 S-1/A 문서도 함께 보인다. 뒤에 붙은 알파벳 A는 '개정하다/수정하다'는 뜻인 Amend의 약자로, S-1의 수정본으로 이해하면 된다. 자주 업데이트되기 때문에 가장 상단에 있는 S-1/A 문서로 보면 된다.

S-1 문서

S-1/A	(Documents)	**[Amend]** General form for registration of securities under the Securities Act of 1933 Acc-no: 0001193125-21-017743 (33 Act) Size: 2 MB
S-1	(Documents)	General form for registration of securities under the Securities Act of 1933 Acc-no: 0001193125-21-010152 (33 Act) Size: 1 MB

(출처: EDGAR)

에드가에서 스팩 종목 검색 후 S-1 문서와 S-1/A 문서가 화면에 표시된 결과

S-1/A 문서를 클릭하면 커버 페이지가 나타난다.

① As filed with the Securities and Exchange Commission on January 26, 2021.

No. 333-252163

② **UNITED STATES**
SECURITIES AND EXCHANGE COMMISSION
Washington, D.C. 20549

Amendment No. 1 to

③ **FORM S-1**
REGISTRATION STATEMENT
UNDER
THE SECURITIES ACT OF 1933

④ **Ares Acquisition Corporation**
(Exact name of registrant as specified in its charter)

⑤ Cayman Islands
(State or other jurisdiction of
incorporation or organization)

⑥ 6770
(Primary Standard Industrial
Classification Code Number)

⑦ 98-1538872
(I.R.S. Employer
Identification No.)

c/o Ares Management LLC
245 Park Avenue, 44th Floor
New York, NY 10167
(310) 201-4100
(Address, including zip code, and telephone number, including area code, of registrant's principal executive offices)

Peter Ogilvie
c/o Ares Management LLC
245 Park Avenue, 44th Floor
New York, NY 10167
(310) 201-4100
(Name, address, including zip code, and telephone number, including area code, of agent for service)

Copies:

Monica J. Shilling, P.C.
Philippa Bond, P.C.
Kirkland & Ellis LLP
2049 Century Park East, 37th Floor
Los Angeles, CA 90067
Tel: (310) 552-4200
Fax: (310) 552-5900

Peter S. Seligson
Kirkland & Ellis LLP
601 Lexington Avenue
New York, New York 10022
Tel: (212) 446-4800
Fax: (212) 446-4900

Paul D. Tropp
Michael S. Pilo
Ropes & Gray LLP
1211 Avenue of the Americas
New York, New York 10036
Tel: (212) 596-9000
Fax: (212) 596-9090

Approximate date of commencement of proposed sale to the public:
As soon as practicable after the effective date of this registration statement.

If any of the securities being registered on this Form are to be offered on a delayed or continuous basis pursuant to Rule 415 under the Securities Act of 1933 check the following box: ☐

If this Form is filed to register additional securities for an offering pursuant to Rule 462(b) under the Securities Act, please check the following box and list the Securities Act registration statement number of the earlier effective registration statement for the same offering. ☐

If this Form is a post-effective amendment filed pursuant to Rule 462(c) under the Securities Act, check the following box and list the Securities Act registration statement number of the earlier effective registration statement for the same offering. ☐

If this Form is a post-effective amendment filed pursuant to Rule 462(d) under the Securities Act, check the following box and list the Securities Act registration statement number of the earlier effective registration statement for the same offering. ☐

Indicate by check mark whether the registrant is a large accelerated filer, an accelerated filer, a non-accelerated filer, smaller reporting company, or an emerging growth company. See the definitions of "large accelerated filer," "accelerated filer," "smaller reporting company," and "emerging growth company" in Rule 12b-2 of the Exchange Act.

Large accelerated filer ☐   Accelerated filer ☐
Non-accelerated filer ☒   Smaller reporting company ☒
   Emerging growth company ☒

If an emerging growth company, indicate by check mark if the registrant has elected not to use the extended transition period for complying with any new or revised financial accounting standards provided pursuant to Section 7(a)(2)(B) of the Securities Act. ☐

CALCULATION OF REGISTRATION FEE

⑧ Title of Each Class of Security Being Registered	Amount Being Registered	Proposed Maximum Offering Price per Security(1)	Proposed Maximum Aggregate Offering Price(1)	Amount of Registration Fee
Units, each consisting of one Class A ordinary share, $0.0001 par value, and one-fifth of one redeemable warrant(2)	83,375,000 units	$10.00	$833,750,000	$90,962.13
Class A ordinary shares included as part of the units(3)	83,375,000 shares	—	—	—(4)
Redeemable warrants included as part of the units(3)	16,675,000 warrants	—	—	—(4)
Total			$833,750,000	$90,962.13

(1) Estimated solely for the purpose of calculating the registration fee pursuant to Rule 457(a) under the Securities Act.
(2) Includes 10,875,000 units, consisting of 10,875,000 Class A ordinary shares and 2,175,000 redeemable warrants, which may be issued upon exercise of a 45-day option granted to the underwriters to cover over-allotments, if any.
(3) Pursuant to Rule 416(a), there are also being registered an indeterminable number of additional securities as may be offered or issued to prevent dilution resulting from share subdivisions, share dividends, or similar transactions.
(4) No fee pursuant to Rule 457(g).

The Registrant hereby amends this Registration Statement on such date or dates as may be necessary to delay its effective date until the Registrant shall file a further amendment which specifically states that this Registration Statement shall thereafter become effective in accordance with Section 8(a) of the Securities Act of 1933, as amended, or until the Registration Statement shall become effective on such date as the Securities and Exchange Commission, acting pursuant to said Section 8(a), may determine.

(출처: AAC Form S-1)

① 서류 제출 날짜

② 보고 기관(SEC: 미국 증권거래위원회)

③ 문서 종류

④ 회사명

⑤ 소재 주/법적 관할지역

⑥ 표준산업분류 코드(SIC)

⑦ 고용주 식별번호(EIN)

⑧ 등록비용 계산표

S-1 문서의 커버 페이지를 보면 회사명, 주소 등 스팩회사의 가장 기본적인 정보들이 있는데, 하단의 등록비용 계산표Calculation of Registration Fee⑧에 유의미한 정보가 포함되어 있다.

⑧ 등록비용 계산표

CALCULATION OF REGISTRATION FEE

Title of Each Class of Security Being Registered	1 Amount Being Registered	2 Proposed Maximum Offering Price per Security(1)	3 Proposed Maximum Aggregate Offering Price(1)	4 Amount of Registration Fee
Units, each consisting of one Class A ordinary share, $0.0001 par value, and one-fifth of one redeemable warrant(2)	83,375,000 units	$10.00	$833,750,000	$90,962.13
Class A ordinary shares included as part of the units(3)	83,375,000 shares	—		— (4)
Redeemable warrants included as part of the units(3)	16,675,000 warrants	—		— (4)
Total			$833,750,000	$90,962.13

(1) Estimated solely for the purpose of calculating the registration fee pursuant to Rule 457(a) under the Securities Act.
(2) Includes 10,875,000 units, consisting of 10,875,000 Class A ordinary shares and 2,175,000 redeemable warrants, which may be issued upon exercise of a 45-day option granted to the underwriters to cover over-allotments, if any.
(3) Pursuant to Rule 416(a), there are also being registered an indeterminable number of additional securities as may be offered or issued to prevent dilution resulting from share subdivisions, share dividends, or similar transactions.
(4) No fee pursuant to Rule 457(g).

(출처: AAC Form S-1)

S-1 문서의 커버 페이지를 통해 1. 증권의 종류 및 수량, 2. 주당 공모가, 3. 기업공개 규모, 4. 등록비용 정보를 확인할 수 있다.

1. 증권의 종류 및 수량(Amount Being Registered)

표를 보면 유닛 8,337만 5,000주, 보통주 8,337만 5,000주, 워런트 1,667만 5,000개를 발행할 것으로 명시되어 있다. 유닛 1주 단위는 보통주 1주와 1/5개의 워런트로 구성된다. 표에는 One-fifth(1/5)로 명시되어 있고, 보통주 수량을 워런트 수량으로 나눠 봐도 알 수 있다(워런트 1,667만 5,000개÷보통주 8,337만 5,000주=1/5). 때문에 해당 유닛을 매수할 때는 5의 배수로 매수해야 손해가 없다. 만약 9개의 유닛을 사면 1.8개의 워런트가 계산되는데, 실제 행사할 수 있는 워런트는 1개이다.

참고로 설명란에 발행 주식 총수에 주관사Underwriters의 **초과배정옵션**Over-Allotments으로 유닛 1,087만 5,000주가 포함되어 있다. 초과배정옵션은 주관사가 증권발행사로부터 추가로 공모 주식을 취득할 수 있는 콜 옵션으로, 일명 그린슈Greenshoe라고도 불린다. 스팩은 주식의 추가 유통으로 자금 조달 효과가 있고, 주관사는 추가 물량의 수수료를 받을 수 있다. 그리고 공모가 이하로 떨어질 경우, 주관사는 초과배정옵션을 포기하고 시장에서 주식을 매입하기 때문에 주가 방어 효과까지 얻을 수 있다.

> 🖊 초과배정옵션
>
> 기업공개 때 기관 투자자를 대상으로 하는 수요 예측 과정에서 공모물량에 대한 초과 수요가 있으면 주관증권사가 공모량의 15%까지 기관 투자자에 추가로 배정하는 제도이다.

2. 주당 공모가(Proposed Maximum Offering Price per Security)

공모가는 주당 10달러다. 주당 6달러, 8달러, 10달러 또는 20달러로 제공되기도 하는데 거의 모든 스팩주의 공모가는 10달러이다. 공모가 10달러는 합병이 완료되기 전까지 강력한 주가의 지지선이 될 것이다.

3. 기업공개 규모(Proposed Maximum Aggregate Offering Price)

예상 기업공개 규모는 8억 3,375만 달러이다(주당 공모가×발행주식 총수). 그리고 상장 규모는 상향 조정 또는 하향 조정을 통해 자주 변경되기도 한다.

4. 등록비용(Amount of Registration Fee)

등록비 요율(Filing Fee Rate)은 공모금액 100만 달러당 109.10달러이다(적용기간 2020년 10월 1일~2021년 8월 30일). 그래서 9만 962.13달러가 계산된다(공모 금액 8억 3,375만 달러×요율 0.0001091달러=9만 962.13달러). 다만, 투자자에게 의미 있는 정보는 아니다.

S-1 문서의 목차

(출처: AAC Form S-1)

S-1 문서의 목차로 요약(SUMMARY) 자료에서 스팩 관련 주요 정보를 얻을 수 있다.

다음으로 S-1문서의 목차를 보자.

전통적인 기업공개에 비해 문서 작성이 상대적으로 간단하지만 그래도 174페이지나 된다. 규정에 의거해 작성된 공시자료이니 다 읽어보면 좋겠지만 일반 투자자가 100% 이해하기 어렵고 투자 효율성이 떨어진다. 다행히 기업 인수목적 외 실제 사업 자체가 없어 회사의 재무 상황 및 사업 실적 등을 파악하기 위해 재무제표를 읽고 분석하는 노력은 하지 않아도 된다. 스팩 종목을 선정할 때 도움이 될 수 있는 항목 중심으로 보도록 하자.

먼저, 목차의 Summary(요약)에서는 스팩회사 및 스폰서 정보 등을 얻을 수 있다. 스팩회사 소개에서는 인수합병 타깃 섹터와 타깃 지역이 언급된다. AAC의 경우 화석 연료 에너지 섹터는 고려하고 있지 않고, 지역은 북미, 유럽, 아시아라고 되어 있다.

다른 스팩 중에는 핀테크, 테크, 헬스케어 등 특정 섹터를 지정하고,

회사 소개

Our Company

We are a blank check company newly incorporated as a Cayman Islands exempted company for the purpose of effecting a merger, share exchange, asset acquisition, share purchase, reorganization or similar business combination with one or more businesses, which we refer to as our initial business combination. Our only activities since inception have been organizational activities and those necessary to prepare for this offering. We have not selected any business combination target and we have not, nor has anyone on our behalf, initiated any substantive discussions, directly or indirectly, with any business combination target. Our team has a history of executing transactions in multiple geographies and under varying economic and financial market conditions. Although we may pursue an acquisition in a number of industries or geographies, we intend to capitalize on the broader Ares platform where we believe a combination of our relationships, knowledge and experience across industries can effect a positive transformation or augmentation of an existing business.

Our sponsor is an affiliate of Ares, a leading global alternative investment adviser. Given Ares' investment capabilities, we believe our team has the required investment, operational, due diligence and capital raising resources to effect a business combination with an attractive target and to position it for long-term success in the public markets.

While we may pursue an initial business combination target in any industry or sector, geography, or stage of its corporate evolution, we do not currently contemplate targeting a company in the fossil fuel energy industry, including the upstream, midstream and energy services sub-sectors, and we will pursue our search in North America, Europe or Asia. We will pursue an initial business combination with an established business with scale, attractive growth prospects and sustainable competitive advantages. We believe there is a large universe of such businesses that could benefit from a public listing, and that we will be able to offer a differentiated and compelling value proposition to them.

(출처: AAC Form S-1)

회사 소개(Our Company) 자료를 통해 인수합병 타깃 섹터와 타깃 지역 정보를 얻을 수 있다.

지역도 유럽, 아시아, 이스라엘 등으로 특정 지역을 설정한다. 그래서 특정 섹터 및 지역에 관심 있는 투자자에게는 스팩 선정 시 중요한 정보가 된다.

다음은 스폰서 소개란이다.

스폰서는 아레스Ares의 자회사Affiliate로 되어 있다. 다시 말해 아레스가 스팩을 뒤에서 지원한다는 것인데, 실제로는 아레스가 운영한다고 봐도 무방하다. 내용에는 '아레스가 25개 이상의 글로벌 사무소에서 약 1,445명 직원들이 1,790억 달러 자산(197조 원)을 관리하고 있다' 등의 자세한 정보를 제공하고 있다. 투자자들은 스팩 뒤에 어떤 회사가 있는지, 그 회사의 자원과 역량은 어느 정도 수준인지 등을 확인하여 스팩이 유망한 인수합병 회사를 찾을 수 있을지에 대한 단서를 얻을 수 있다.

스폰서 소개

Our Sponsor and Ares

Our sponsor is an affiliate of Ares, a leading, publicly traded, global alternative investment manager with approximately $179 billion of assets under management and approximately 1,445 employees in over 25 global offices as of September 30, 2020. Ares operates integrated groups across Credit, Private Equity, Real Estate and Strategic Initiatives and offers its investors a range of investment strategies and seeks to deliver attractive performance to a growing investor base that includes over 1,060 direct institutional relationships and a significant retail investor base across its publicly traded and sub-advised funds. Since its inception in 1997, Ares has adhered to a disciplined investment philosophy that focuses on delivering strong risk-adjusted investment returns through market cycles. Ares believes each of its distinct but complementary investment groups is a market leader based on assets under management and investment performance.

Ares operates as an integrated investment platform with a collaborative culture that emphasizes sharing of knowledge and expertise. Ares believes the exchange of information enhances its ability to analyze investments, deploy capital and improve the performance of its funds and portfolio companies. Through collaboration, Ares drives value by leveraging its capital markets relationships and access to deal flow.

AAC will benefit directly and indirectly from its affiliation with the broader Ares organization through access to corporate and private relationships, sector expertise and the engagement of senior investment professionals leading the origination and execution of potential business combinations. While we will seek to utilize the entire Ares platform, we believe that the experience and capabilities of the Ares Private Equity Group

(출처: AAC Form S-1)

스폰서 소개(Our Sponsor) 자료를 통해 해당 스팩을 누가 지원하는지 알 수 있고, 스폰서의 역량과 능력을 파악할 수 있다.

경영진

(출처: AAC Form S-1)

경영진(Management)에 대한 기본 정보부터 커리어까지 모두 공개되어 있어 스팩의 리더십 평가에 유용하다.

그리고 목차의 Management(경영진) 또한 스팩을 선정하는 데 중요한 정보이다. 해당 자료에는 경영진의 이름, 나이, 직책뿐만 아니라, 학력 및 각 개인의 커리어의 시작부터 현재까지 이력을 모두 제공하고 있다. 경영진 정보를 통해 스팩이 어떤 섹터에 전문성을 갖고 있는지, 어떤 특정 기업과 연결고리가 있는지 등을 추정할 수 있어 투자자에게 또 다른 중요한 정보가 된다.

지금까지 S-1/A 문서를 살펴보았다. 해당 문서 외에도 스팩과 관련된 추가 정보를 얻을 수 있는 다양한 공시자료SEC Filings가 있다.

+ SEC 파일링 주요 문서

▶ 424B4

S-1 문서에 생략됐던 정보까지 포함하여 기업공개를 할 때 제출해야 하는 공시자료이다. S-1 문서의 최종 버전으로 이해하면 된다.

▶ Form 8-K(8-K 문서)

주주들이 적시에 알아야 할 중요한 이벤트가 발생할 때 공시하는 보고서이다.

▶ Schedules 13G(지분 5%를 초과하는 투자자 공시)

'수익 소유권Beneficial ownership 리포트'라고 한다. 등록된 회사 주식의 의결권 등급의 5% 이상 소유권을 취득한 경우, 10일 내 Schedules 13D로 보고해야 한다. 상황에 따라 약식으로 Schedules 13G를 제출할 수도 있다.

▶ Form 10-K(10-K 문서)

회계연도 비즈니스 및 재무제표를 포함하여 재무 상태에 대한 포괄적인 개요를 제공하는 연간 보고서이다. 주로 기업 PR용으로 발행되는 애뉴얼 리포트Annual report와 달리 미국 증권거래위원회 규정상 회계연도가 끝나면 반드시 제출해야 하는 의무 자료이다.

▶ Form 10-Q(10-Q 문서)

분기 재무 보고서로, 회계연도의 처음 3분기마다 제출해야 한다.

▶ Form 425(425 문서)

인수합병Business Combination에 관한 정보를 공시하는 자료이다. 인수합병 발표 시에는 락업 계약Lock Up Agreement 및 인수합병 기업의 투자자 프레젠테이션 자료 등이 포함되어 있다.

▶ Form S-4 (S-4 문서)

인수합병과 관련된 모든 중요 정보를 등록하기 위해 제출되는 자료이다.

+ 스팩트랙(Spactrack, https://spactrack.net)

공시자료는 내용이 너무 많기 때문에 전문 투자자가 아닌 이상 모든 내용을 확인하는 것은 불가능하고 효율성도 떨어진다. 스팩트랙은 스팩 종목을 선택할 때 필요한 주요 내용을 한 곳에 모아 놓은 사이트로 수백 개의 스팩 중에서 원하는 종목을 찾을 때 매우 유용하다. 스팩트랙을 통해 먼저 정보를 얻고 부족한 정보는 공시자료를 통해 파악해보자.

스팩트랙에 접속한 후 'Full List of Active SPACs'를 클릭한다. 스팩투자에 필요한 핵심 정보 중심으로 잘 정리되어 있다.

스팩트랙 메인 화면

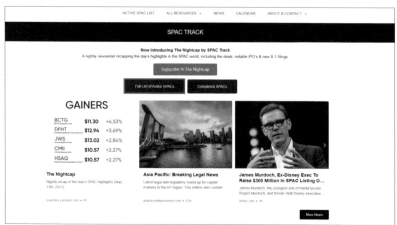

(출처: 스팩트랙)

스팩트랙에서 상장 준비 중인 스팩부터 현재 상장된 모든 스팩의 리스트(Full List of Active SPACs)를 확인할 수 있다.

스팩투자에 필요한 핵심 정보

(출처: 스팩트랙)

① Spac Ticker: 증시에 등록된 종목의 약어(국내에서는 숫자 코드를 사용)

② Name: 스팩 회사명

③ Status: 스팩의 현 상태

    – Pre IPO: 상장 예정

    – Searching(Pre Unit Split): 인수합병 기업을 찾는 중(유닛 분리 전)

    – LOI: 계약 전 투자에 대한 의사 표시

    – Definitive Agreement: 인수합병 계약 체결

④ Target Focus: 찾고자 하는 기업이 속한 섹터

⑤ Target Company: 인수합병 발표한 회사 또는 루머가 있는 회사(뉴스 보도)

⑥ Prominent leadership: 유명한 경영진 이사, 고문 등

⑦ Trust Value: 신탁계정의 예치금

⑧ Unit & Warrant Details: 유닛 구조 & 워런트 교환 비율 및 행사가격

    – U[1/4W]: 유닛은 보통주 1주와 워런트 1/4주로 구성

    – W:[1:1, $11.5]: 11.5달러를 지불하면 워런트 1주를 보통주 1주로 교환

⑨ Estimated Unit Split Date: 유닛이 보통주와 워런트로 분리되는 예상일

⑩ IPO Date: 스팩 상장일

⑪ IPO Size(M): 스팩 상장 규모(100만 달러)

⑫ Underwriter: 상장 주관사

⑬ Completion Deadline Date: 인수합병 완료 마감일

⑭ %Progress to Deadline: 상장 후 인수합병 완료일까지 경과율

+기타

뉴스나 정보 사이트 등 공식 채널 외에 다양한 경로를 통해 속보 및 실시간 이벤트 및 여론 등을 확인할 수 있다.

스버지 리차드의
투자 노트
(성공 사례 TOP5)

스팩투자를 하면서 기억에 남는 사례를 정리해보았다. 수익률 관점으로만 바라보지 말고 왜 해당 스팩을 선택했는지의 관점에서 내용을 살펴보고 유망 스팩주를 찾을 때 활용해보도록 하자.

투자 성공 사례 1. 스템

AI기반 클린 에너지 저장 시스템 회사인 '스템'을 인수합병하는 스팩 '스타 피크 에너지 트랜지션Star Peak Energy Transition Corp, STPK'은 필자에게 짧은 기간 동안 매우 큰 수익을 가져다주었다.

평균 매수 단가는 10.09달러였는데 스팩 붐 전이어서 공모가 인근에서 쉽게 매수가 가능했다. 하방 리스크가 거의 없어서 투자하는 데 있어 원금 손실에 대한 불안감도 전혀 들지 않았다. 그리고 인수합병 발표로 주가가 급등할 때는 복권에 당첨된 것처럼 아주 짜릿한 느낌이 들었다.

주가는 지속 상승했고 20달러, 30달러, 40달러대에서 점진적으로 매도하면서 이익을 실현했다. 평균 매도 단가는 매수 단가의 3.7배 상승한 37.60달러였고, 두 달도 안 되는 투자 기간 동안 발생한 수익은 무려 273%였다. 그리고 이것은 국내 주식 또는 미국 일반 주식에 투자하면서 경험하지 못한 일이다. 수익률은 더 높을 수 있겠지만 스팩과 달리 국내 주식이나 미국 일반 주식에 투자할 경우 리스크가 없을 수 없기 때문이다.

STPK를 선택한 이유는 크게 세 가지가 있었다.

첫째, 친환경 에너지 섹터에서 인수합병 기업을 찾고 있는 스팩이었다는 것이다. 〈리차드 주식부자 연구소〉 유튜브 채널을 통해 전기차 루시드모터스, 전기버스 프로테라, 전기차 충전소 차지 포인트 등을 소개하는 영상을 업로드했었다. 그만큼 전기차 관련 섹터에 개인적인 관심이 컸고, 이 섹터에서 유망기업을 찾을 스팩 후보 중 하나가 STPK였다.

STPK 주가 그래프

(출처: Yahoo Finance)

① 공모가 인근에서 매수(10.09달러)해서 ② 37.60달러에 매도해 273% 수익이 발생했다.

둘째, 우수한 투자 플랫폼을 보유하고 있었다. STPK를 지원하는 헤지펀드 마그네타 캐피털Magnetar Capital은 13조 원 규모의 자산을 운용하고 있는데, 특히 에너지 인프라 및 재생 에너지 부문에 오랜 투자 역사를 가진 마그네타 에너지&인프라스트럭처 그룹Magnetar Energy & Infrastructure Group의 투자 플랫폼을 활용할 수 있다는 것이 매력적이었다.

셋째, 주가가 공모가 아래에 있었다. 하방 리스크가 사라졌기 때문에 기대와 달리 유망한 기업을 찾지 못하더라도 잃을 것이 없는 투자였다. 그래서 당시 주식시장에서 거의 알려지지 않았던 스팩인 STPK를 매수한 것이었다.

결과적으로 STPK는 유망 기업인 '스템'을 발굴해내면서 바닥이 있는 주식투자인 스팩의 특성을 가장 잘 보여준 대표 사례 중 하나가 되었다.

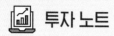 **투자 노트**

종목명	스타 피크 에너지 트랜지션(Star Peak Energy Transition Corp)		
티커	**타깃 섹터**	**상장 규모**	**상장일**
STPK	재생 에너지/에너지 이동	3억 8,400만 달러	2020-08-17

매수가	평균 매수가 10.09달러 (4차례 분할 매수) – 9.91달러('2020.11.23), 10달러('2020.11.25), 10.1달러('2020.11.17), 10.14달러('2020.12.3)
매수한 이유	① 친환경 에너지 섹터에서 인수합병 기업을 찾고 있는 스팩 ② 우수한 투자 플랫폼 보유(마그네타 에너지 &인프라스트럭처 그룹) ③ 공모가 아래에 위치한 주가
목표주가	15달러
투자 리스크	–0.9%
매도가	평균 매도가 37.60달러(9차례 분할 매도) 34.53달러(2021. 1. 25), 25.40달러(2021. 1. 27), 27달러(2021. 1. 27), 26.77 달러(2021. 1. 28), 36.24달러(2021. 2. 5), 36.32달러(2021. 2. 5), 33.82달 러(2021. 2. 8), 44.42달러(2021. 2. 18), 46.56달러(2021. 2. 18)
수익률/투자 기간	수익률 273% / 2020년 11월 17일~2021년 2월 18일
매도한 이유	목표 수익률 달성 및 단기간 내 주가 급등으로 분할로 수익 실현함

투자 성공 사례 2. 소파이

2020년 12월 4일, 〈리차드 주식 부자 연구소〉 유튜브 채널에서 '대박 날 스팩주SPAC 찾기 프로젝트 1편'에서 스팩 IPOD, IPOE, IPOF를 소개했다. 새로 시작하는 프로젝트의 첫 번째 종목이었기 때문에 많은 고민 끝에 차마스의 IPO 시리즈를 선택했다. 해당 종목을 선정한 가장 큰 이유는 현재 '스팩의 왕'으로 불리는 차마스 팔리하피티야Chamath Palihapitiya의 존재 때문이었다.

스리랑카 난민 출신에서 인터넷 서비스 기업 AOL의 역대 최연소 부사장(당시 28세) 및 페이스북의 초기 임원을 역임한 것은 그가 스마트하다는 것을 보여주는 것이다. 그리고 팔란티어, 디즈니가 인수한 플레이돔 및 구글이 인수한 범프톱 등 유망 스타트업에 투자해 성공했다는 것은 그가 기업을 바라보는 안목까지 갖추고 있다는 것으로 판단했다. 그리고 버진갤럭틱, 오픈도어, 클로버헬스를 스팩 상장한 경험까지 있었기 때문에 누구보다 유망한 기업을 찾을 확률이 높은 스팩의 리더라고 판단을 했다.

영상 업로드 당시 보통주의 주가는 IPOD 11달러, IPOE 10.42달러, IPOF 10.30달러였다. 알파벳 순서로 인수합병이 발표되는 것이 아니지만, 그런 인식이 존재했기 때문에 IPOD가 프리미엄이 가장 많이 붙었다. 그리고 반대로 합병 규모가 가장 큰 IPOF의 주가가 가장 낮았다.

개인적으로 10% 넘게 프리미엄을 줄 수 없었기 때문에 IPOE와 IPOF 중심으로 매수했다.

IPOE 주가 그래프

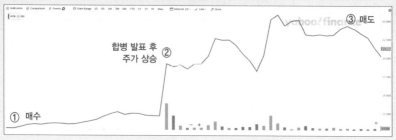

(출처: Yahoo Finance)

① 공모가 인근에서 매수(10.76달러)하였고, ② 합병 발표로 주가는 크게 상승했다. ③ 23.30달러에 매도하여 116% 수익이 발생했다.

① IPOE 평균 매수 단가(보통주+유닛)는 10.76달러였다.

② 영상을 업로드한 후 한 달이 지난 2021년 1월 7일 IPOE가 유망 핀테크 기업인 소파이를 인수합병한다는 발표와 함께 주가는 전일 대비 58% 상승했다. 또 하나의 복권이 당첨된 순간이었다.

③ 이후 주가가 2배 이상 상승했다. 더 욕심을 내기보다는 또 다른 스팩 씨앗을 심기 위해서 2월 18일 23.30달러에 매도하여 이익을 실현했다. 평균 수익률은 116%였다.

그리고 합병 발표 이후에 추가 매매로 12%의 수익을 얻었다. 추가 물량의 평균 매수 단가는 21.27달러였고, 평균 매도 단가는 23.78달러였다. 이는 공모가 인근에 미리 심어놓은 씨앗으로 충분한 이익이 확보되었기 때문에 합병 발표로 프리미엄이 많이 붙은 상황이었지만 일정 리스크를 감수하고 추가 투자를 할 수 있었다. 만약, 합병 발표 이후 첫 진입하는 경우였다면 15일 이동평균선과 RSI지표 50을 활용해 분할 매수로 접근했을 것이다.

추가적으로 소파이 합병 발표로 IPOF에 대한 기대감 또한 커짐에 따라 IPOF의 주가가 15.95달러까지 상승했다. 인수합병 대상 기업이 정해지지 않은 상황을 고려한다면 엄청난 프리미엄이 붙은 것이다. 이후 주식시장이 조정을 겪으면서 IPOF의 거품이 빠지기 시작했고, 결국 평균 단가 12.27달러에 매도했다. 좀 더 일찍 매도했다면 더 큰 수익을 확보할 수 있었을 것이다. 하지만 충분한 안전마진도 있었고 IPOF에 대한 기대감이 컸기 때문에 고점에서 떨어지는 것을 평소보다 좀 더 지켜보게 되었다.

IPOF는 최근 평균 매수 단가 10.03달러로 재진입했기 때문에 앞으로 차마스가 어떤 기업을 발굴할지 편안한 마음으로 기다리고 있다. 또 다른 당첨 복권이 될지 꽝이 될지는 모르겠지만 공모가 인근에서 매수했으니, 잃을 것이 없는 투자가 될 것이다.

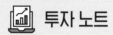 투자 노트

종목명	소셜 캐피털 헤도소피아 홀딩스 V(Social Capital Hedosophia Holdings Corp V)		
티커	타깃 섹터	상장 규모	상장일
IPOE	테크	8억 500만 달러	2020-10-8

매수가	평균 매수가 10.76달러 (5차례 분할 매수) - 보통주: 10.53달러(2020. 12. 04), 10.63달러(2020. 12. 07) - 유닛: 10.99달러(2020. 12. 1), 10.92달러(2020. 12. 2), 11.36달러(2020. 12. 18)
매수한 이유	차마스 팔리하피티야(Chamath Palihapitiya)의 리더십 신뢰 ① 유명 기업 임원 출신(AOL 및 페이스북) ② 성공적인 투자가(팔란티어, 플레이돔, 범프톱 등 초기 투자) ③ 스팩상장 과거 이력 보유(버진갤럭틱, 오픈도어, 클로버헬스)
목표주가	15달러
투자 리스크	-7.6%
매도가	평균 매도가 23.30달러(2차례 분할 매도) - 보통주: 22.67달러(2021. 2. 18) - 유닛: 24.79달러(2021. 2. 18)
수익률/투자 기간	수익률 116% / 2020년 12월 1일~2021년 2월 18일
매도한 이유	목표 수익률 달성 및 단기간 내 주가 급등으로 분할로 수익 실현함

투자 성공 사례 3. 라이언 일렉트릭

2020년 11월 24일, 〈리차드 주식 부자 연구소〉 유튜브 채널 게시판을 통해 '전기차 인수합병 관련 스팩주 리스트'를 공유한 적이 있다. 5개 소문 중 3개가 적중했는데 그중 하나가 바로 스팩 노던 제네시스 어퀴지션Northern Genesis Acquisition Corp(이후 'NGA')이다.

참고로, 소문이 적중한 3건 모두 경제전문지 블룸버그발이다. 스팩 관련 소문/루머들이 상당히 많은데 블룸버그발은 스팩 인수합병 관련 적중률이 상당히 높다. 그래서 출처가 없는 정보는 재미 수준으로 받아들이지만 블룸버그의 경우는 해당 기업을 들여다보고 유망한 기업이라면 주가 등을 고려하여 미리 매수하기도 한다.

NGA 같은 경우는 블룸버그발 뉴스가 보도될 당시 주가는 9.63달러였고, 마이클 호프만 등 전력 및 재생 에너지 섹터에서 오랜 경험과 네트워크를 가진 경영진까지 보유하고 있어서 해당 뉴스가 사실이 아니더라도 투자 리스크가 없었다. 시간적 여유가 있을 것이라고 생각해서 바로 매수하지 않았다. 예상대로 한동안 공모가 아래에 위치해 있었지만 전기차 관련 스팩주의 주가가 크게 상승하는 모습이 나타나기 시작했다.

NGA 주가 그래프

(출처: Yahoo Finance)

① 블룸버그발 뉴스로 주가가 상승하기 시작했고 ② 11.16달러에 매수를 진행했다. ③ 인수합병 발표로 주가는 크게 상승했고, ④ 아마존과의 호재 뉴스로 주가는 33.48달러까지 급등했다. ⑤ 이후 23.27달러에 매도하여 108%의 수익이 발생했다.

① NGA도 2020년 11월 18일부터 주가가 10달러 위로 상승하는 움직임을 보여주기 시작하더니 며칠 만에 11달러를 돌파했다.

② 그래서 필자는 이 시점에서 급하게 매수(11.16달러)를 진행했다.

③ 그리고 얼마지 나지 않아 NGA는 2020년 11월 30일에 라이언 일렉트릭 (Lion Electric)을 인수합병한다고 발표했다. 블룸버그발 뉴스 보도로 주가는 합병 발표 전부터 미리 상승했기 때문에 합병 발표 당일 주가는 전날 대비 7% 정도 상승했지만 공모가 대비 40% 상승한 14달러로 마감했다. 공모가 아래에서 매수할 수 있었는데, 11달러대에서 매수했기 때문에 매우 아쉬운 순간이었다.

④ NGA가 인수합병을 발표한 라이언 일렉트릭은 당시 아마존이 10대의 차량을 주문한 상황이었다. 아마존의 규모를 고려했을 때 테스트 물량으로 예상했었는데, 2021년 1월 14일 아마존에서 2,500대의 차량을 구매한다는 소식과 함께 옵션 행사 시 아마존이 NGA의 지분을 20%까지 보유가 가능한 것으로 보도되었다. 이에 당시 주가는 33.48달러까지 상승을 했다. 공모가 대비 무려 235% 상승한 것이다.

⑤ 다만, 호재가 다 나왔으면 욕심내지 말고 전부 또는 일부 수익 실현을 했어야 하는데 한 달 정도 더 홀딩하고 있다가 23.27달러에 매도했다. 물론 108% 수익은 결코 낮은 수익이 아니지만 스팩투자를 하면서 너무 큰 욕심을 내지 말자는 교훈을 얻을 수 있었다.

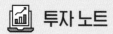 투자 노트

종목명	노던 제네시스 어퀴지션(Northern Genesis Acquisition Corp)		
티커	**타깃 섹터**	**상장 규모**	**상장일**
NGA	지속가능성	3억 달러	2020-08-17

매수가	매수가 11.16달러(2020. 11. 23)
매수한 이유	① 공모가 이하 주가가 10달러 이상으로 상승 추세로 전환 ② 적중률 높은 블룸버그발 뉴스 및 전기차 섹터 주가 상승 ③ 전력 및 재생 에너지 섹터에서 오랜 경험과 네트워크 보유
목표주가	15달러
투자 리스크	-11.6%
매도가	평균 매도가 23.27달러(2차례 분할 매도) - 28.02달러(2021. 1. 25), 23.22달러(2021. 2. 18)
수익률/투자 기간	수익률 108% / 2020년 11월 23일~2021년 2월 18일
매도한 이유	목표 수익률 달성 및 단기간 내 주가 급등 후 하락 추세로 수익 실현함

투자 성공 사례 4. 볼타 차징

2020년 12월 11일, 〈리차드 주식 부자 연구소〉 유튜브 채널에서 보물 스팩 주 찾기 프로젝트 4번째 영상 '전기차 TOP 5'에서 소개한 적이 있는데 그 중 하나가 스팩 터토이즈 어퀴지션 II Tortoise Acquisition Corp. II (이후 'SNPR')이다.

SNPR을 매수한 이유는 친환경 하이브리드 전기 트럭업체인 하일리 온Hyliion을 인수합병한 터토이즈 어퀴지션의 두 번째 스팩이기 때문이었 다. 하일리온(스팩 SHLL)은 작년 6월부터 9월까지 매우 핫한 스팩 종목 중 하나였으며, 2020년 9월 2일 주가는 55.85달러까지 상승했다. 해당 종 목으로 이익을 본 부분도 있지만 궁극적으로 시장에서 주목을 받을 수 있는 업체를 찾았다는 것이고, 이런 업체를 찾을 수 있는 스팩의 리더십 을 좋게 평가한 것이다. 그리고 81억 달러 이상의 자산을 운용하는 투자 회사 터토이즈 에코핀Tortoise Ecofin의 플랫폼을 활용한다는 것 또한 매력적 이었다. 터토이즈 에코핀은 지속가능성, 에너지 전환, 인프라, 물 및 청 정 에너지 분야에서 수십 년 동안 투자한 전문지식과 네트워크를 보유 하고 있다.

SNPR 주가 그래프

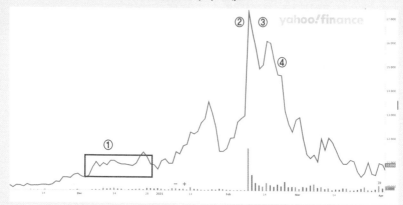

(출처: Yahoo Finance)

① 2020년 12월 8일부터 12월 말까지 분할 매수하였고(평균 매수단가 10.84달러) ② 인수합병 발표로 주가는 17.24달러까지 상승했다. ③ 주가가 급등했기 때문에 발표 당일 일부 물량을 매도(17.6달러)했고, ④ 이후 10일 뒤에 나머지 물량까지 매도(15.36달러)하여 42% 수익이 발생했다.

---

① 2020년 12월 8일부터 2020년 12월 말까지 매수를 진행했고, 평균 매수단가는 10.84달러였다. 투자 리스크를 최소화하기 위한 스팩의 권장 최대 매수가인 10.80달러를 살짝 초과하였다. 당시 스팩으로 돈이 많이 유입되고 있었기 때문에 공모가 인근에서 매수하기 쉽지 않았고, 주가 하락 시 10.80달러 수준은 분할 매수 등으로 헤지가 가능하다고 판단했다.

② SNPR 매수를 시작한 지 2개월 만인 2021년 2월 8일 SNPR은 광고 기반 무료 전기차 충전 사업을 하는 볼타 차징(Volta Charging)을 인수합병한다고 발표했다. 당일 주가는 공모가 대비 72% 상승한 17.24달러로 마감했다. 합병 발표 전에 주가가 조금 상승했을 때 소량 매도(전체 물량의 19%)를 했었다.

③ 합병 발표 당일 주가가 크게 상승하자 전체 물량의 31%를 매도(17.6달러)했다.

④ 이후 10일 뒤에 나머지 50% 물량을 매도(15.36달러)하여 총수익률 42%를 기록했다.

합병 발표 직후 주가가 크게 상승했을 때 매도 타이밍을 빠르게 가져 갔다는 점이 기존 사례들과는 약간 차이가 있었다.

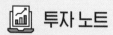 **투자 노트**

종목명	터토이즈 어퀴지션 II(Tortoise Acquisition Corp. II)		
티커	**타깃 섹터**	**상장 규모**	**상장일**
SNPR	에너지 이동/지속가능성	3억 4,500만 달러	2020-09-11

매수가	평균 매수가 10.84달러(분할 매수) – 10.98달러(2020. 12. 8), 11달러(2020. 12. 11), 10.65/10.69달러(2020. 12. 31) 등
매수한 이유	① 과거 성공적인 스팩 상장 이력 보유(하일리온) ② 시장에서 주목받을 수 있는 인수합병 기업을 찾은 우수한 리더십 ③ 지속가능성 섹터에 특화된 투자회사 플랫폼 활용(터토이즈 에코핀)
목표주가	15달러
투자리스크	-8.4%
매도가	평균 매도가 15.44달러(5차례 분할 매도) – 12.2달러(2021. 1. 20), 13.73달러(2021. 1. 25), 11.58달러(2021. 1. 27), 17.60달러(2021. 2. 8), 15.36달러(2021. 2. 18)
수익률/투자 기간	수익률 42% / 2020년 12월 8일~2021년 2월 18일
매도한 이유	인수합병 발표 인한 주가 급등으로 수익 실현함

투자 성공 사례 5. 슈퍼그룹

온라인 스포츠 배팅 및 카지노 기업인 '슈퍼그룹'을 인수합병하는 스팩 '스포츠 엔터테인먼트 어퀴지션Sports Entertainment Acquisition(이후 'SEAH')'은 앞서 소개한 투자 성공 사례들과는 다른 방식으로 투자된 스팩이다.

앞에서 소개한 4개의 사례는 인수합병 발표 전 스팩 자체에 대한 평가를 기반으로 미리 씨앗을 심고 기다린 사례라면, SEAH의 경우는 인수합병 기업을 발표한 후 상장되는 기업을 보고 매수를 시작한 스팩이다.

일반적으로 인수합병 대상 기업이 유망하다면 인수합병 당일 주가가 크게 상승한다. 하지만 장이 좋지 않거나, 인수합병 대상 기업이 잘 알려지지 않은 경우에는 주가에 큰 변화 없이 횡보하다가 시간이 지나면서 그 가치를 인정받고 상승하는 경우가 있다. 그래서 합병 발표 당일 주가가 크게 상승하지 않았다고 해서 가치가 없는 회사라고 성급하게 결론을 내기보다는 해당 기업을 자세히 들여다볼 필요가 있다.

SEAH는 시장에서 크게 주목받는 스팩이 아니었고, 인수합병 발표 전 공모가 아래에서 움직이고 있었다. 4월 25일 SEAH 주가는 슈퍼그룹 인수합병 발표로 전일 대비 4.5% 상승한 10.22달러로 마감했다. 큰 폭의 상승이 아니었기 때문에 그냥 못 보고 지나칠 수 있었던 종목이었다. 하지만 우연히 슈퍼그룹의 투자자 프레젠테이션 자료를 보게 되었는데, '운이 좋았다'라고 표현할 수 있을 만큼 슈퍼그룹은 매력적이었다. 좀 더 구체적으로 표현하자면, 스팩투자를 하면서 이 정도 수준의 기업이 나오기가 쉽지 않다고 생각했다.

슈퍼그룹은 온라인 스포츠 베팅 회사 벳웨이BETWAY와 온라인 카지노 스핀SPIN으로 구성된 회사로, 월 활성고객은 250만 명이고 베팅 금액만 연간 47조 원 수준이다. 작년 매출은 약 1조 3,000억 원이고, 에비타EBITDA는 약 2,900억 원(23.2%)이다.

스팩으로 상장하는 대다수 기업과 다르게 이미 일정 규모의 매출을 가지고 있었다. 그리고 에비타는 플러스일 뿐만 아니라 20% 이상의 높은 수준이었다. 그렇다면 '성장률이 떨어지는 게 아닐까'라고 생각했지만, 2020년 매출액 성장률은 29%였고, 앞으로 연평균 성장률은 25%로 예상되었다.

향후 몇 년 뒤 일정 규모의 매출액과 이익이 플러스로 전환될 것이라고 예상하는 일반적인 스팩 상장 기업과는 결이 좀 다르다고 생각했다. 그리고 해당 실적에는 이번 스팩 상장을 통해 거대 미국시장에 진출하는 포텐셜은 빠져 있다.

또한, 스팩으로 상장한 동일 섹터의 기업인 드래프트킹스, 지니어스 스포츠, 골든너겟과 비교하더라도 슈퍼그룹의 매출액과 이익이 가장 크다. 그럼에도 불구하고 다른 기업들은 슈퍼그룹 대비 최소 3배에서 최대 7배까지 더 높게 가치를 평가받고 있다. 다시 말해, 슈퍼그룹은 현재 매우 저평가되어 있는 상황이다.

🖉 DGC
(Digital Gaming
Corporation)

슈퍼그룹이 인수 계약을 체결한 회사로, 정부의 최종 승인이 나면 DGC가 보유한 라이선스를 활용해 슈퍼그룹은 미국 10개 주에 진출이 가능해진다.

그래서 앞으로 DGCDigital Gaming Corporation 합병에 대한 정부의 최종 승인이 되면 본격적인 미국 진출이 이루어질 것이고, 슈퍼그룹의 최종 상장일이 다가올수록 주가는 상승할 것으로 기대하고

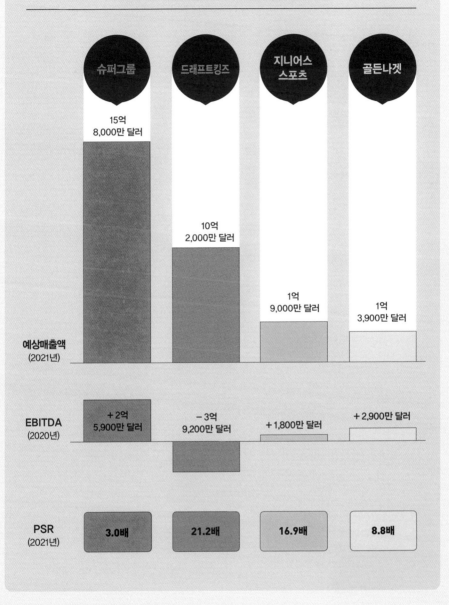

스팩으로 상장한 온라인 스포츠 베팅 관련 기업

슈퍼그룹

드래프트킹즈

지니어스
스포츠

골든나겟

예상매출액
(2021년)

15억
8,000만 달러

10억
2,000만 달러

1억
9,000만 달러

1억
3,900만 달러

EBITDA
(2020년)

+ 2억
5,900만 달러

− 3억
9,200만 달러

+ 1,800만 달러

+ 2,900만 달러

PSR
(2021년)

3.0배

21.2배

16.9배

8.8배

있다. 참고로, 슈퍼그룹은 최근 NBA 5개 팀, NHL 1개 팀과 파트너십을 체결했고 NHL의 공식 스포츠 베팅 파트너가 되면서 미국 내 인지도를 쌓기 시작했다. 미국 진출이 본격화되면 향후 더 많은 스포츠 섹터에서 다양한 팀들과 파트너십이 확대될 것이고, 이를 통해 슈퍼그룹은 매우 빠르게 미국 시장에 침투하게 될 것이다.

필자는 인수합병 발표 이후 최대 1만 주를 목표로 현재 10.2달러 인근에서 매수를 진행하고 있다. 슈퍼그룹의 합병 승인 투표일까지 주가가 기대처럼 상승한다고 장담할 수는 없지만, 공모가 인근에서 매수하고 있기 때문에 감내해야 하는 리스크는 -2% 정도 수준밖에 되지 않는다. 반대로 슈퍼그룹이 인지도를 쌓으면서 미국 시장에 성공적으로 진입하는 모습을 보여준다면 앞으로 큰 이익이 기대된다.

워런 버핏의 말을 빌리자면 '주식시장은 인내심 없는 사람의 돈이 인내심 있는 사람에게 흘러가는 곳이다.' 그래서 지금 당장의 주가 변동에 일희일비하지 않고, 합병 승인 투표일 전까지 묵묵히 기다리며 또 하나의 성공 사례를 만들고자 한다.

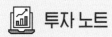 투자 노트

종목명	스포츠 엔터테인먼트 어퀴지션(Sports Entertainment Acquisition)		
티커	타깃 섹터	상장 규모	상장일
SEAH	스포츠, 엔터테인먼트	4억 5,000만 달러	2020-10-2

매수가	평균 매수가 10.21달러 – 보통주: 인수합병 발표(2021. 4. 25) 이후 지속 매수 중
매수한 이유	인수합병 대상 기업인 슈퍼그룹의 저평가 및 미래 확장성 ① 2020년 매출 약 1조 3,000억 원 / 에비타 23.2% / 성장률 29% ② 스팩 상장한 경쟁 기업 대비 실적이 가장 좋으나, PSR은 가장 낮음 ③ 거대 시장인 미국 10개 주 진출 예정
목표주가	20달러
투자리스크	−2.1%
매도가	최종 합병 승인 투표일 직전까지 우선 보유 예정
수익률/투자기간	수익률 –% / 2021년 4월 25일~
매도한 이유	목표 수익률 달성 또는 주주 투표일 직전 주가에 따라 전량 매도 또는 50% 매도 또는 홀딩 여부 결정 예정

TO THE MOON

SPAC JACKPOT

황금어장!
섹터별 보물 스팩주
TOP 35

INTRO

현재 수백 개의 스팩이 인수합병 기업을 찾고 있다. 투자 자금이 한정되어 있기 때문에 모든 스팩을 매수하는 것은 불가능하고, 이 중에서 유망 인수합병 대상을 발굴할 확률이 높은 스팩을 선정해야 한다. 그래서 필자의 경험과 노하우를 바탕으로 초대형 스팩주, 핀테크 섹터, 지속가능성 섹터, 테크 섹터, 헬스케어 섹터, 이스라엘 기업 섹터에서 총 35개의 스팩주를 선별했다. 어떤 스팩주부터 검토할지 고민하는 분들께 유용한 정보가 되길 희망해본다. 이번 장에서 소개할 내용 중 가장 많이 질문받은 내용을 Q&A로 정리했는데, 이 내용을 먼저 읽고 본문을 본다면 이해가 더 빠를 것이다.

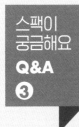

Q 어떤 타깃 섹터가 가장 인기가 있나요?

A 개인적으로는 지속가능성(Sustainability) 섹터를 선호하나, 시장 상황에 따라 인기 섹터는 달라집니다. 참고로, 테크 섹터가 인수합병 대상 기업을 찾는 스팩이 가장 많고, 그다음이 헬스케어 섹터입니다.

Q 타깃 섹터가 없는 스팩도 있나요?

A 2020년 기준으로 30% 정도의 스팩이 섹터를 지정하지 않았습니다. 타깃 섹터가 없다기보다는 특정 섹터로 한정하지 않고 유망한 기업을 찾겠다는 것입니다.

Q 지정된 섹터에서만 기업을 찾아야 하나요?

A 특정 섹터를 지정했다고 해서 다른 섹터의 기업을 인수합병하는 것이 금지된 것은 아닙니다. 주로 스팩 경영진이나, 스팩을 지원하는 투자회사가 강점을 가진 섹터로 지정하지만 다른 섹터에서 유망한 기업과 합병할 기회가 생긴다면 협상하고 인수합병 계약을 체결할 수 있습니다. 다만 투자자 입장에서는 섹터가 지정되어 있어야 스팩을 선정할 때 하나의 기준으로 활용할 수 있습니다.

Q 스팩 상장 규모가 어느 정도가 되어야 크다고 봐야 하나요?

A 5억 달러 이상이면 상위 15%에 해당하기 때문에 개인적으로는 5억 달러 이상이면 크다고 판단하고 있습니다.

Q 규모가 큰 스팩이 무조건 좋은 건가요?

A 큰 규모의 인수합병 대상 기업을 찾을 확률이 높지만, 상대적으로 대상 기업이 한정될 수 있습니다. 또한 직상장 또는 전통적인 기업공개를 통해 자금을 조달할 수 있는 옵션이 있기 때문에 협상 자체가 쉽지 않을 수 있습니다.

Q 어느 정도의 상장 규모를 보유한 스팩을 선호하나요?

A 스팩의 상장 규모는 스팩 선정의 최우선 순위가 아니기 때문에 특정 규모를 선호하지는 않습니다. 그래서 최소 2억 달러 이상의 스팩이면 크기와 상관없이 매수를 진행하고 있습니다. 다만, 스팩 시리즈의 경우 주가, 타깃 섹터 등 대다수 조건이 유사할 경우 상대적으로 규모가 큰 스팩을 매수합니다.

Q 시간이 지날수록 인수합병 대상 기업이 줄어들면 어떡하나요?

A 유니콘 기업은 현재도 많이 있고, 미국 포함해서 전 세계적으로 새로 성장하는 기업들은 계속 나오고 있습니다. 그래서 어떻게 하면 유망 기업을 잘 찾을 수 있는 좋은 스팩을 발굴할지 고민하는 것이 더 중요하다고 생각합니다.

Q 합병 마감기한은 무조건 2년인가요?

A 대다수 스팩이 합병 마감기한을 2년으로 설정하지만 6개월, 15개월, 18개월 등 다양하게 마감기한을 설정할 수 있습니다. 2년으로 설정하고 빨리 찾아도 되지만, 기한을 짧게 설정하면 금방 찾을 것이라는 기대감을 투자자에게 줄 수 있습니다.

Q 유닛주와 보통주 중에 주로 어떤 것을 매수하나요?

A 일반적으로 주가 움직임이 큰 것은 워런트를 포함하고 있는 유닛주이기 때문에 유닛주 매수를 선호합니다. 하지만 유닛주가 공모가에서 멀어져 있는 경우에는 보통주를 매수합니다. 그리고 유닛주를 장기 보유할 경우, 유닛 분리 시 워런트를 보유하게 되므로 워런트에 대한 매도 또는 워런트 행사에 대한 이해가 있어야 합니다. 그래서 편리한 주식 매매를 원하시는 분들은 주로 보통주를 매수합니다.

Q 스팩을 선택할 때 주관사도 중요한가요?

A 투자 수익률과는 직접적인 연관성은 없습니다. 다만, 기업공개를 계획하고 실행하기 때문에 절차상의 문제 등이 발생하지 않도록 기왕이면 상위권 주관사를 선택하는 것이 좋습니다.

Q 스팩 정보 사이트에 U: [1/3 W]; W: [1:1, $11.5] 이런 표기가 있는데 어떤 뜻인가요?

A U는 유닛이고, 워런트 1/3개가 포함되었다는 것입니다. 그리고 워런트는 11.5 달러가 행사가격이고, 보통주 1개와 교환된다는 뜻입니다.

Q 합병 실패 시 워런트도 원금을 돌려받나요?

A 유닛이나 보통주와 다르게 워런트의 경우는 돌려받지 못합니다.

유망 스팩주를 고를 때 살펴보는 7개의 항목 중 하나가 바로 스팩의 규모이다.

스팩은 1억 달러 미만부터 10억 달러 이상까지 다양한 규모로 상장이 된다. 물론, 상장 규모가 크다고 반드시 더 좋은 기업을 찾는다는 보장은 없다. 하지만 스팩 규모가 크다는 것은 인수합병 대상 기업이 신생 스타트업이 아닌 이미 일정 규모 이상의 비즈니스를 구축한 기업이 될 수 있다는 것을 의미한다.

만약 대형 유니콘 기업을 기대하고 있는 투자자라면 스팩 규모 측면에서 상위 2%를 차지하고 있는 10억 달러 이상의 초대형 스팩주에 관심을 가져야 할 것이다.

일러두기

1. 스팩주의 현 주가 표기 : 2021년 4월 1일 종가 기준

2. 유닛 및 워런트 티커 심볼 표기 : SEC에 제출된 각 스팩회사의 서류 기준

　– 증권사에 따라 유닛 티커 심볼은 보통주 티커 심볼 뒤에 U 또는 .U 또는 UN 또는 UT 등으로 표기가 되고, 워런트 티커 심볼은 보통주 티커 심볼 뒤에 W 또는 WT 또는 WS 등으로 표기가 될 수 있다.

3. TOP 35는 2021년 4월 1일 기준으로 인수합병 기업을 찾고 있는 스팩주를 선별한 것으로, 현재 시점에서는 인수합병 대상 기업을 발표한 스팩이 있을 수 있다.

초대형 스팩주 TOP 4

상위 2%를 차지하고 있는
10억 달러 이상의 초대형 스팩주 선별

죠스 머스탱 어퀴지션 코퍼레이션

Jaws Mustang Acquisition Corporation

──── 기본 정보 ────

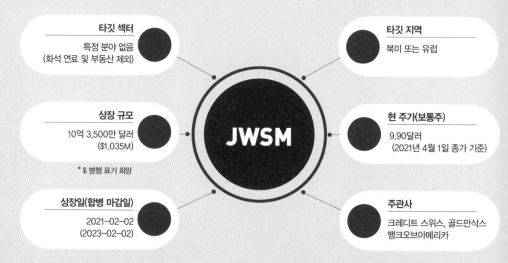

타깃 섹터
특정 분야 없음
(화석 연료 및 부동산 제외)

타깃 지역
북미 또는 유럽

상장 규모
10억 3,500만 달러
($1,035M)

* $ 병행 표기 희망

현 주가(보통주)
9.90달러
(2021년 4월 1일 종가 기준)

JWSM

상장일(합병 마감일)
2021-02-02
(2023-02-02)

주관사
크레디트 스위스, 골드만삭스
뱅크오브아메리카

유닛(JWSM.U) 1주 = 보통주(JWSM) 1주 + 워런트(JWSM.W) 1/4주, 행사가 $11.5(1:1)

스타우드 캐피털 그룹(Starwood Capital Group)의 배리 스턴릭트 회장이 만든 스팩으로, 미국 또는 유럽에서 비즈니스 활동하는 기업을 찾고 있다.
특정 섹터에 제한을 두고 있지 않지만 스타우드 캐피털 그룹의 비즈니스 섹터인 부동산, 숙박, 석유 및 가스 및 에너지 인프라는 대상으로 하지 않는다.

스팩 평가

배리 스턴릭트 (출처: jawsholdings.com)

• **리더십**: 배리 스턴릭트(Barry S. Sternlicht)은 730억 달러 이상(80조 원)의 자산을 운용하는 스타우드 캐피털 그룹의 회장 겸 최고경영자이다. 그는 광범위한 딜 메이킹(거래 협상/체결) 경험을 보유한 기업가 및 운영자로 업계에 잘 알려진 인물이다.

• **투자 플랫폼**: 죠스 머스탱 어퀴지션 코퍼레이션(Jaws Mustang Acquisition Corporation)은 배리 스턴릭트 회장이 만든 세 번째 스팩이다.

첫 번째 스팩은 시니어를 대상으로 하는 헬스케어 회사인 케이노 헬스(Cano Health)의 인수합병을 발표했다. 비즈니스 타깃이 고령층이다 보니 겉보기에 개인 투자자들에게 매력적으로 보이지 않아 큰 주목을 끌지는 못했다. 하지만 미국에서 가장 빠르게 성장하는 헬스케어 회사로 2019년도에 1위, 2020년도에 6위에 선정될 만큼 미래가 밝은 유망 기업이다.

두 번째 스팩은 일론 머스크가 사고 싶었던 금속 3D 프린팅 회사인 벨로3D(Velo3D)를 인수합병한다고 최근 발표했다. 스페이스 X의 로켓 발사 핵심 부품을 만드는 데 사용될 정도로 높은 기술력을 보유한 미래 기업이다.

두 기업의 비즈니스 섹터는 전혀 다르지만, 공통점은 미래 성장성이 높은 회사라는 점이다. 즉 스팩의 경영진은 미래 성장성에 무게를 두고 기업을 찾고 있는 것으로 보인다. 그리고 벨로3D와 인수합병 계약을 체결하는 데 110일밖에 걸리지 않았을 정도로, 우수한 투자 플랫폼과 네트워크를 보유한 것으로 보인다.

• **상장 규모 등**: 상장 규모는 10억 달러(1조 1,000억 원)가 넘기 때문에 배리 스턴릭트 회장과 관련된 스팩 중에서 가장 큰 규모이자, 인수합병 기업을 찾고 있는 전체 스팩 중에서도 7번째로 큰 규모이다. 그래서 이번 스팩의 경우, 미래 성장성뿐만 아니라 현재 일정 규모의 실적까지 보유한 대형 유니콘 기업이 발굴되길 기대해본다.

아레스 어퀴지션 코퍼레이션

Ares Acquisition Corporation

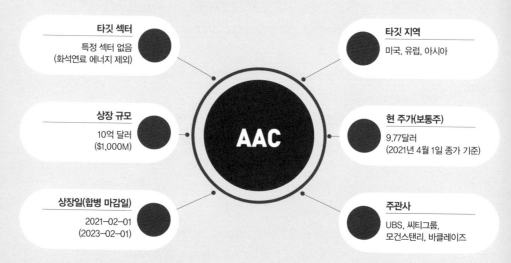

타깃 섹터
특정 섹터 없음
(화석연료 에너지 제외)

타깃 지역
미국, 유럽, 아시아

상장 규모
10억 달러
($1,000M)

현 주가(보통주)
9.77달러
(2021년 4월 1일 종가 기준)

상장일(합병 마감일)
2021-02-01
(2023-02-01)

주관사
UBS, 씨티그룹,
모건스탠리, 바클레이즈

AAC

유닛(AAC.U) 1주 = 보통주(AAC) 1주 + 워런트(AAC.W) 1/5주, 행사가 $11.5(1:1)

북미, 유럽 또는 아시아에서 특정 섹터에 상관없이 지속가능한 경쟁우위를 보유한 일정 규모의 고성장 기업을 찾으려는 스팩이다. 다만, 화석 연료 관련 섹터의 기업은 제외된다. 글로벌 대체투자 전문 운용사인 아레스 매니지먼트 코퍼레이션(Ares Management Corporation, '아레스')이 지원하고 있다.

스팩 평가

데이비드 카플란(출처: anderson.ucla.edu)

• **리더십**: 데이비드 카플란(David B. Kaplan)은 뉴욕증권거래소에 상장된 글로벌 대체 투자사 아레스(NYSE: ARES)의 공동 창업자로, 금융·인수합병·사모펀드 투자에 대한 폭넓은 지식과 경험을 보유하고 있다.

• **투자 플랫폼**: 사모펀드(Private Equity), 부동산(Real Estate), 신용(Credit)으로 크게 3개의 비즈니스 그룹을 운영하고 있는 아레스는 25개 이상의 글로벌 오피스에서 500명 이상의 투자 전문가가 1,780억 달러(196조 원)의 자산을 운용하고 있다. 또한 2,700개 이상의 포트폴리오 기업과 1,060개 이상의 기관 투자자들에 투자하고 있다. 이러한 아레스의 광범위한 투자 플랫폼은 관련 시장에 대한 정보와 지식을 제공하며, 유망한 타깃 기업을 발굴하고, 인수합병을 하는 데 큰 기여를 할 것이다.

• **시너지 효과 등**: 스팩 상장에 대한 경험은 없지만, 아레스의 투자 플랫폼의 광범위한 자원을 활용하게 될 것이다. 그리고 특정 섹터가 정해져 있지는 않지만 아레스가 기후 변화에 대비하는 신재생 에너지 섹터에 전문적으로 투자하는 회사이기 때문에 현재 시장에서 주목받을 수 있는 일정 규모 이상의 고성장 신재생 에너지 기업을 발굴할 가능성도 크다고 생각한다.

아우스터리츠 어퀴지션 II

Austerlitz Acquisition Corp. II

기본 정보

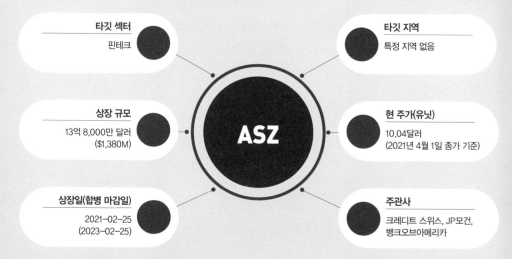

타깃 섹터
핀테크

타깃 지역
특정 지역 없음

상장 규모
13억 8,000만 달러
($1,380M)

ASZ

현 주가(유닛)
10.04달러
(2021년 4월 1일 종가 기준)

상장일(합병 마감일)
2021-02-25
(2023-02-25)

주관사
크레디트 스위스, JP모건,
뱅크오브아메리카

유닛(ASZ.U) 1주 = 보통주(ASZ) 1주 + 워런트(ASZ WS) 1/4주, 행사가 $11.5(1:1)

〈포천〉 500대 기업이자 미국 최대 타이틀 보험사인 피델리티 내셔널 파이낸셜의 창업자인 빌 폴리 회장이 이끄는 스팩이다. 그리고 빌 폴리 회장이 운영·관리하는 투자자문회사인 칸홀딩스(CannaeHoldings), 트라지메노 캐피털(Trasimene Capital), 트라지메노 캐피털 매니지먼트(Trasimene Capital Management)의 다양한 경험과 자원을 활용하여 핀테크 섹터의 기업을 찾고 있다.

스팩 평가

 윌리엄 폴리 2세(출처: dnb.co.uk)

• **리더십**: 윌리엄 폴리(William P. Folly II) 회장은 금융, 핀테크, 보험 및 서비스 분야 등 다양한 산업에서 기업을 크게 성장시킨 미국 금융계 유명 인사 중 한 명이다. 그리고 최근 스팩과 관련해 성공적인 이력들을 추가해나가고 있다.

• **투자 플랫폼**: 스팩 포레이 트라지메노 II(Foley Traismene II)는 영국 통합 결제 플랫폼인 페이세이프(Paysafe)를 성공적으로 인수합병 상장시켰고, 포레이 트라지메노 I(Foley Trasimene I)는 AI 기반 통합 디지털 인적 자본관리 솔루션 업체인 올라이트 솔루션(Alight Solutions)의 인수합병을 발표했다. 이를 통해 그가 보유한 자원 및 네트워크가 스팩 상장 시장에서도 효과적으로 작동할 수 있다는 것을 증명해 보였다.

성장 규모 등: 이번 스팩을 상장할 때 아우스터리츠 어퀴지션 I(티커 심볼: 유닛 AUS.U, 보통주 AUS)도 함께 상장했다(유닛 주가 10.40달러). 똑같이 핀테크 섹터를 타깃으로 하고 있는데, 규모는 아우스터리츠 어퀴지션 II의 절반 수준인 6억 9,000만 달러이다. 대형 크기지만 아우스터리츠 어퀴지션 II가 현재 상장 진행 중인 모든 스팩 중 4번째로 큰 초대형 스팩주이기 때문에 상대적으로 작게 느껴진다. 이렇게 규모를 다르게 해서 동시에 2개의 스팩을 상장했다는 것은 인수합병 대상 기업이 최소한 1개 정도는 어느 정도 구체화된 것으로 추정해볼 수 있다.

개인적으로는 규모가 큰 아우스터리츠 어퀴지션 II가 더 매력적으로 느껴지나 어느 스팩을 선택할지 고민되거나 핀테크 기업에 관심이 높은 투자자라면 둘 다 보유하는 것도 괜찮다고 생각한다. 리스크를 분산하면서, 유망 핀테크 기업을 찾을 확률을 높이는 것이다.

KKR 어퀴지션 홀딩스 I

KKR Acquisition Holdings I Corp.

━━━━ 기본 정보 ━━━━

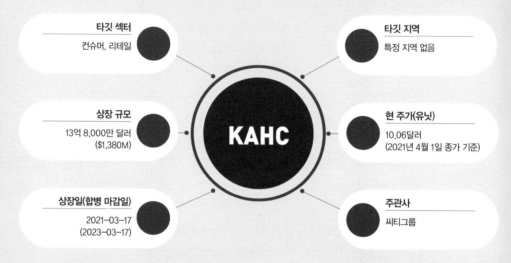

타깃 섹터
컨슈머, 리테일

타깃 지역
특정 지역 없음

상장 규모
13억 8,000만 달러
($1,380M)

KAHC

현 주가(유닛)
10.06달러
(2021년 4월 1일 종가 기준)

상장일(합병 마감일)
2021-03-17
(2023-03-17)

주관사
씨티그룹

유닛(KAHC.U) 1주 = 보통주(KAHC) 1주 + 워런트(KAHC WS) 1/4주, 행사가 $11.5(1:1)

글로벌 대표 사모 펀드인 KKR이 지원하는 스팩이다. 모든 섹터에서 인수합병 기회를 추구할 수 있지만, 특히 소비재(컨슈머) 또는 소매(리테일) 섹터에 중점을 두고 일정 규모 및 지속가능한 경쟁 우위를 확보한 기업을 찾고 있다.

스팩 평가

글렌 머피(출처: fis-holdings.com)

• **리더십**: 글렌 머피(Glenn Murphy)는 소비재 중심의 투자회사인 FIS 홀딩스(FIS Holdings)의 창업자 겸 최고 경영자이다. 의류 브랜드인 룰루레몬(Lululemon)의 현 이사회 의장이며, 의류 회사 갭(GAP) 및 소매 약국 체인 쇼퍼스 드러그 마트(Shoppers Drug Mart) 등의 최고경영자를 역임하며 기업 인수, 공급망 개선 등을 통해 회사들을 크게 성장시켰다.

• **투자 플랫폼**: 사모펀드, 신용 및 실물자산을 포함한 여러 대체자산을 관리하는 글로벌 투자회사인 KKR(NYSE: KKR)은 20개 이상의 글로벌 오피스에서 3,670억 달러(404조 원) 규모의 자산을 운용하고 있다. 세계 3대 사모펀드 중 하나로 40년이 넘는 기간 동안 축적된 다양한 투자 경험, 산업지식 및 폭넓은 네트워크는 스팩이 잠재 타깃 기업을 발굴하고, 인수합병을 실행하는 데 큰 역할을 할 것이다.

• **시너지 효과 등**: 글렌 머피는 다양한 소비자 및 소매 비즈니스 섹터에 30년 이상의 경험을 가진 베테랑 기업가 및 투자가이고, KKR은 소비재 및 소매 산업에서도 20개 이상의 기업에 투자한 경험과 네트워크까지 보유하고 있다. 그래서 글렌 머피의 우수한 리더십과 KKR의 투자 플랫폼이 조화롭게 결합된다면 식품, 건강, 미용 및 의류와 같은 소비재(컨슈머) 또는 소매(리테일) 섹터에서 많은 수의 매장을 보유한 대형 기업을 발굴할 수 있을 것이다.

핀테크는 '파이낸스(Finance)'와 기술을 뜻하는 '테크놀로지(Technology)'의 합성어

이다. 예금, 대출, 자산 관리, 결제, 송금 등 다양한 기존 금융 서비스가 IT, 모바일

기술의 발달과 함께 새로운 형태로 진화하고 있는 것이다. 이런 진화에 맞춰 등장

한 핀테크 기업들은 은행 등 기존 금융기관들이 제공하지 못한 새로운 가치를 고

객들에게 제공하며 빠르게 사업을 확대해나가고 있다.

현재 전 세계에는 96개의 핀테크 유니콘 기업이 존재하는데, 소파이(Sofi)같이 유

망한 기업들이 스팩을 통해 지속적으로 상장이 추진될 것으로 보인다.

유망 핀테크 스팩주를 찾아 미리 씨앗을 심어보자.

02

핀테크 섹터 스팩주 TOP 5

초대형 유니콘 기업을 꿈꾸는
성장가치가 높은 핀테크 스팩주 엄선

피규어 어퀴지션 I

Figure Acquisition Corp. I

기본 정보

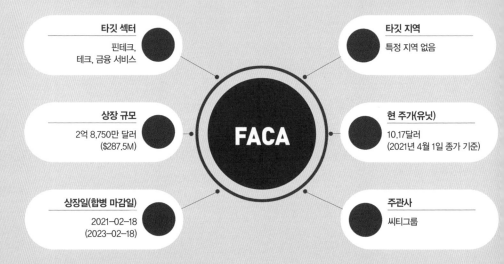

타깃 섹터
핀테크,
테크, 금융 서비스

타깃 지역
특정 지역 없음

상장 규모
2억 8,750만 달러
($287.5M)

FACA

현 주가(유닛)
10.17달러
(2021년 4월 1일 종가 기준)

상장일(합병 마감일)
2021-02-18
(2023-02-18)

주관사
씨티그룹

유닛(FACA.U) 1주 = 보통주(FACA) 1주 + 워런트(FACA WS) 1/4주, 행사가 $11.5(1:1)

시장에서 많은 주목을 받을 수 있는 '블록체인'과 '핀테크' 테마를 가진 스팩주이다. 단순히 테마만 갖고 있어 겉보기만 좋아 보이는 것이 아닌 블록체인, 인공지능, 첨단 분석을 활용한 금융 솔루션을 제공하는 피규어 테크놀로지스(Figure Technologies)의 지원을 받고 있다.

스팩 평가

마이클 카그니(출처: bizjournals.com)

• **리더십**: 마이클 카그니(Michael Cagney)는 핀테크 기업 소파이(SoFi)의 공동 창업자
및 블록체인 기반 핀테크 기업인 피규어(Figure)의 공동 창업자 겸 현 최고경영자로
해당 테마 섹터에서 유망한 기업을 찾을 수 있는 경험과 노하우를 보유하고 있다.
그리고 전 코인베이스(Coinbase) 사장 겸 최고운영책임자 등 우수한 임원진도 함께
하고 있다.

• **투자 플랫폼**: 블록체인 기반 핀테크 기업인 피규어(Figure)와 헤지펀드인 엘링턴
매니지먼트 그룹(Ellington Management Group)이 뒤에서 든든히 받쳐주고 있다. 피큐
어 테크놀로지스는 2018년도에 설립된 이후 벤처 투자자들로부터 2억 2,000만 달
러(2,420억 원)의 펀딩을 받았고, 금융 기술 및 파이낸스 서비스 섹터에서 다양한 기
회를 제공할 수 있다. 특히 블록체인을 기반으로 구축된 피규어의 기술 플랫폼을
활용하여 그 혜택을 누릴 수 있는 타깃을 집중해서 모색하고 있다. 헤지펀드인 엘
링턴 매니지먼트 그룹(Ellington Management Group)과도 경제적 이해관계를 갖고 있
어 인수합병 진행 과정에서 헤지펀드의 도움까지 받을 수 있다.

• **시너지 효과 등**: 향후 유망 기업을 찾아 인수합병으로 끝나는 것이 아니라 피큐
어의 블록체인을 기반으로 구축된 기술 플랫폼(Figure Provenance Platform)까지 활용
할 수 있어, 스팩 상장 이후 시너지 효과까지 기대할 수 있다. 블록체인 분야에 관
심 있는 투자자라면 주목할 필요가 있는 스팩주이다.

소셜 레버리지 어퀴지션 I

Social Leverage Acquisition Corp. I

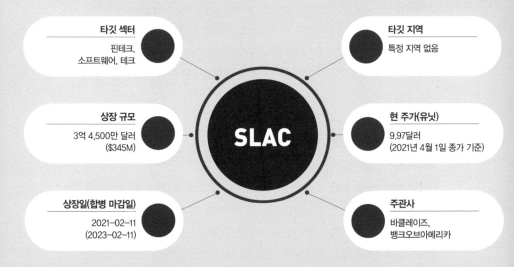

타깃 섹터
핀테크,
소프트웨어, 테크

타깃 지역
특정 지역 없음

상장 규모
3억 4,500만 달러
($345M)

현 주가(유닛)
9.97달러
(2021년 4월 1일 종가 기준)

상장일(합병 마감일)
2021-02-11
(2023-02-11)

주관사
바클레이즈,
뱅크오브아메리카

SLAC

유닛(SLAC.U) 1주 = 보통주(SLAC) 1주 + 워런트(SLAC WS) 1/4주, 행사가 $11.5(1:1)

핀테크, 엔터프라이즈 소프트웨어 또는 소비자 기술 섹터에서 혁신적 기업을 발굴
하여 성장과 가치 창출을 극대화하려는 스팩이다. 이를 위해 초기 단계 전문 투자
회사인 소셜 레버리지(Social Leverage)와 긴밀히 협력하고 있다.

스팩 평가

폴 그린버그(출처: linkedin.com)

• **리더십**: 폴 그린버그(Paul Grinberg)는 나스닥&뉴욕증권거래소 회장 및 사장 출신
으로 35년 이상의 M&A, 자본 조성, 재무관리 경험, 지식 및 네트워크를 보유하고
있다. 또한 미국 최대 주식 커뮤니티 스탁트위츠(StockTwits)의 공동 창업자, 클라우
드 컴퓨팅 회사 세일즈포스(Salesforce)의 전 최고 전략 책임자 등 우수 임원진을 보
유하고 있다.

• **투자 플랫폼**: 모바일 및 인터넷 플랫폼을 활용한 혁신성이 높은 기업에 초점을
두고 현재까지 125개 이상의 기업에 투자하고 있는 소셜 레버리지(Social Leverage)
의 지원을 받고 있다. 소셜 레버리지는 3개의 액티브 펀드를 조성했는데 그중 하나
는 미국 기반 마이크로 벤처캐피털 펀드 중 가장 실적이 높은 펀드로 선정되었다.
내부 수익률(IRR)*은 54%였고, 나머지 펀드들 또한 각각 37%, 35%로 좋은 성과를
나타냈다.
주목할 만한 투자는 주식 거래 플랫폼 로빈후드(Robinhood), 페이스북(Facebook)에
인수된 CRM 스타트업 커스토머(Kustomer), 그리고 어도비(Adobe)에 인수된 비디오
프로그램 기술업체 튜브모글(TubeMogu) 등이 있다. 그만큼 유망한 기업을 먼저 잘
찾는 안목과 역량을 갖고 있다고 해석 할 수 있다.

• **시너지 효과 등**: 스팩의 리더십은 기업투자·인수합병·자금 조달 경험뿐만 아니라
공기업 및 사기업의 경영자와 기업가로서 전문 지식과 노하우를 보유하고 있다. 여
기에 소셜레버리지의 전략적 조언 및 광범위한 거래 네트워크가 추가되기 때문에
해당 섹터에서 우수한 기업을 찾길 기대해본다.

내부수익률: Internal Rate of Return의 약자로 줄여서 IRR로도 불린다. 투자함으로써 기대되는 미래의
현금 수입액이 현재의 투자가치와 같아지도록 할인하는 이자율을 말한다.

조프 핀테크 어퀴지션

JOFF Fintech Acquisition Corp.

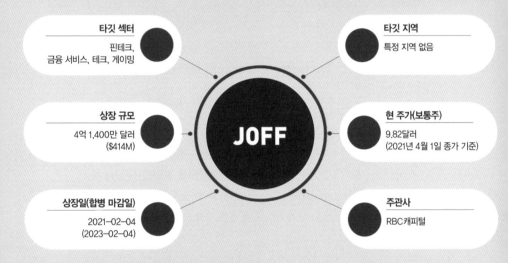

기본 정보

타깃 섹터
핀테크,
금융 서비스, 테크, 게이밍

타깃 지역
특정 지역 없음

상장 규모
4억 1,400만 달러
($414M)

현 주가(보통주)
9.82달러
(2021년 4월 1일 종가 기준)

상장일(합병 마감일)
2021-02-04
(2023-02-04)

주관사
RBC캐피털

JOFF

유닛(JOFFU) 1주 = 보통주(JOFF) 1주 + 워런트(JOFFW) 1/3주, 행사가 $11.5(1:1)

핀테크와 자산 관리 및 금융 관련 활동에 중점을 둔 비즈니스 섹터에서 타깃 기업을 찾고 있는 스팩이다. 핀테크 섹터에 있는 모든 하위 카테고리도 검토할 예정이지만, 특히 규모가 크고 성장률이 높은 아이게이밍 및 e-스포츠 섹터와 연관된 기업에 높은 관심을 가지고 있다.

스팩 평가

조엘 레노프(출처: paysafe.com)

• **리더십**: 글로벌 결제 회사 페이세이프(PaySafe)의 전 최고경영자이자 현 부회장인 조엘 레노프(Joel Leonoff)가 이끄는 스팩이다. 3개의 첨단기술 회사를 설립했고, 여러 기업을 인수합병하면서 회사를 크게 성장시켰다. 그 과정에서 인수합병 분야에서 상당한 경험을 보유하게 됐으며, 기업들의 통합과 경영 관리 능력을 갖추게 되었다.

• **타깃 섹터**: 그의 주요 커리어를 보면 네오비아(Neovia Inc), 파티게이밍(Partygaming PLC), 옵티멀 페이먼츠(Optimal Payments Inc), 슈어파이어 커머스(Surefire Commerce Inc) 등 온라인 결제 및 온라인 게임에 집중되어 있다. 특히, 스팩으로 상장한 페이세이프(PaySafe)의 경우에는 아이게이밍 결제 분야 글로벌 리더 기업이다. 그래서 스팩의 잠재적 타깃이 매우 뚜렷하게 그려진다. 10억 달러 이상의 핀테크 유니콘 기업이면 좋겠지만, 시장에서 주목받을 수 있고 성장 잠재력이 큰 아이게이밍 및 e-스포츠 관련 핀테크 기업 또한 매력적이다. 따라서 핀테크 섹터 중에서 특히 아이게이밍 및 이스포츠에 관심 있는 투자자라면 관심을 갖고 지켜볼 만한 스팩주이다.

• **투자 플랫폼**: 경영진 및 이사진에 사모펀드 소노마 그룹(Sonoma Group)의 사장, 일본 인터넷/통신 회사인 소프트뱅크 그룹(SoftBank)의 최고전략책임자, 금융기술 서비스 회사인 카드트로닉스(Cardtronics plc)의 전 이사 등이 포함되어 있어, 인수합병 및 금융 거래 분야에 오랜 경험뿐만 아니라 폭넓은 네트워크까지 구축하고 있다. 이는 관련 타깃 기업을 찾고 인수 합병 계약을 체결하는 데 큰 역할을 할 것이다.

애자일 그로스 그룹

Agile Growth Corp.

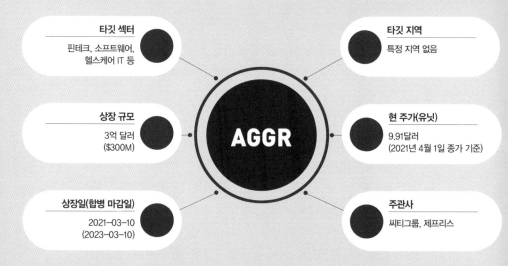

타깃 섹터
핀테크, 소프트웨어,
헬스케어 IT 등

타깃 지역
특정 지역 없음

상장 규모
3억 달러
($300M)

현 주가(유닛)
9.91달러
(2021년 4월 1일 종가 기준)

상장일(합병 마감일)
2021-03-10
(2023-03-10)

주관사
씨티그룹, 제프리스

AGGR

유닛(AGGRU) 1주 = 보통주(AGGR) 1주 + 워런트(AGGRW) 1/3주, 행사가 $11.5(1:1)

테크놀로지 산업 중 핀테크, 엔터프라이즈 소프트웨어, 헬스케어 IT, 로보틱/오토메이션, 교육 기술 섹터에서 기업을 찾으려는 스팩이다.
경영진과 이사회는 테크놀로지 산업에서 다양한 업무를 수행했고, 폭넓은 비즈니스 관계를 구축하고 있으며, 혁신 기업들을 운영·관리한 경영 전문성까지 보유하고 있다.

스팩 평가

제이 바트(출처:devcon.alfresco.com)

• **리더십**: 경영진 및 이사진은 소프트웨어 중심의 대기업들에서 회사를 이끌고 대규모 인수합병을 추진하면서 오랜 기간 경험과 노하우를 쌓았다. 다양한 기술 및 소프트웨어 기업에 성공적인 투자도 이끌어냈다. 하지만 앞에서 살펴본 다른 3개 스팩 리더십과 비교해봤을 때 상대적으로 특별한 느낌을 덜 받을 수도 있다.

아마도 최고 경영자 제이 바트(Jay Bhatt)가 일반 투자자에게는 다소 생소한 기업인 오픈소스 소프트웨어 회사인 알프레스코 소프트웨어(Alfresco Software)의 최고경영자 출신이고, 뒤에서 스팩을 지원해주는 벤처캐피털 등의 회사가 없기 때문일 것이다. 하지만 스타급 인사 또는 백업 회사 여부가 유망 기업을 찾는다는 것을 보장을 해주는 것은 아니다.

• **시너지 효과 등**: 상대적으로 화려하지 않지만 해당 업계에서 오랜 경력을 쌓은 경영진과 미국 세계 최대 기업정보 제공업체인 던앤브래드스트리트(Dun & Bradstreet)의 전 회장 겸 최고경영자, 미국 포털 사이트 운영 기업인 야후(Yahoo)의 전 최고경영자 그리고 디자인·엔지니어링·게임 소프트웨어 회사인 오토데스크(Autodesk)의 전 사장 겸 최고경영자 등 화려한 경력의 사외 이사들이 있기 때문에 해당 섹터에서 유망 기업을 충분히 찾을 수 있는 스팩주라고 생각한다.

드래고니어 그로스 오퍼튜니티스 III

Dragoneer Growth Opportunities Corp. III

기본 정보

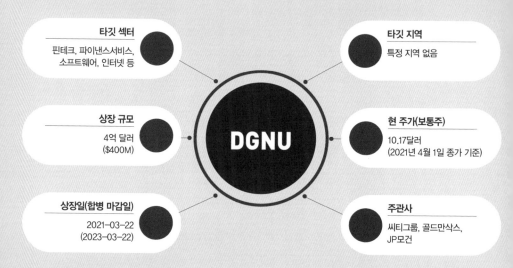

타깃 섹터
핀테크, 파이낸스서비스, 소프트웨어, 인터넷 등

타깃 지역
특정 지역 없음

상장 규모
4억 달러
($400M)

DGNU

현 주가(보통주)
10.17달러
(2021년 4월 1일 종가 기준)

상장일(합병 마감일)
2021-03-22
(2023-03-22)

주관사
씨티그룹, 골드만삭스, JP모건

보통주(DGNU), 유닛 없음

금융 서비스/핀테크뿐만 아니라 소프트웨어, 인터넷, 미디어, 소비자/소매, 의료 IT 분야에 중점을 두고 고성장 기업을 찾고 있는 스팩이다. 대체투자펀드에 투자자문 서비스를 제공하는 드래고니어 인베스트먼트 그룹(Dragoneer Investment Group)의 지원을 받고 있다.

스팩 평가

마크 스태드(출처: fortune.com)

• **리더십**: 마크 스태드(Marc Stad)는 투자자문회사인 드래고니어 인베스트먼트 그룹 (Dragoneer Investment Group)의 창립자 겸 최고경영자이다. 〈포천〉지 선정 40세 미만 40인의 젊은 혁신가(Fortune's 40 Under 40) 중 한 명으로 뽑혔고, 실리콘 밸리에서 가장 성공한 테크 투자가 중 한 명으로 불리며 업계에서 많은 주목을 받고 있다.

• **투자 플랫폼**: 드래고니어 인베스트먼트 그룹(Dragoneer Investment Group)은 상장기 업 및 비상장기업에 대한 투자와 관련하여 투자 조언을 제공한다. 사모펀드와 투자 운용 경험이 풍부한 40여 명의 전문가로 구성되어 있는데, 업계 선두주자를 미리 찾아내는 성공적인 실적들을 보유하고 있다. 알리바바(2014년 상장), 아틀라시안(2015 년 상장), 스포티파이(2018년 상장), 우버(2019년 상장), 슬랙(2019년 상장), 데이터도그(2019년 상장), 에어비엔비(2020년 상장), 스노우플레이크(2020년 상장), 도어대쉬(2020년 상장) 등 에 대한 조기 투자로 큰 성공을 거뒀다. 이렇게 좋은 기업을 미리 찾아내는 안목과 투자 경험 및 네트워크는 스팩이 유망 기업을 찾을 수 있다는 기대감을 높인다.

• **스팩 상장 이력 등** : 드래곤니어의 세 번째 스팩이다. 첫 번째는 리더십에 대한 기 대감으로 합병 발표 직전에 14.7달러까지 상승했다. 하지만 상해보험업(P&C)과 관련 된 서비스형 소프트웨어(SaaS) 플랫폼 회사인 CCC를 인수합병한다는 발표 이후 기 대감은 큰 실망감으로 바뀌면서 주가는 공모가 수준으로 떨어졌다. 하지만 기업 자 체만 보면 보험과 AI 및 사물인터넷(IOT) 기술이 결합한 선도적인 기술 기업이고, 매 출 및 이익도 괜찮은 수준이었다. 두 번째(티커 심볼: DGNS/상장 규모: 2억 7,600만 달러)는 현재 인수합병 기업을 찾고 있는데, 세 번째 스팩과 함께 유망 기술 기업이면서도 투 자자의 높은 기대감을 충족시킬 수 있는 매력도까지 높은 기업이길 기대해본다.

지속가능성(Sustainability)은 미래에도 생태계가 유지될 수 있는 제반 환경을 의미한다. 이 단어는 1972년 '성장의 한계(The Limits to Growth)'라는 보고서에서 처음 언급된 이후 인간의 활동, 경제 및 경영, 기후와 환경 그리고 국가정책 등에 광범위하게 사용되고 있다.

친환경은 이제 세계적인 이슈이고 트렌드이다. 특히 바이든 정부는 당선 전부터 환경 정책을 주요 공약으로 내세웠고, 대통령 취임 첫날부터 파리기후협약 복귀를 위한 행정명령에 서명하는 등 친환경 정책에 속도를 내기 시작했다.

친환경이라는 큰 흐름 속에 정부의 정책까지 더해지면서 전기차, 수소차, 재생 에너지 등 지속가능성 섹터와 관련된 기업들은 투자자들로부터 프리미엄을 얻게 될 것이기 때문에 주목할 필요가 있다.

03

지속가능성 섹터 TOP 10

친환경 ESG 이슈에서
가장 강력한 지속가능성 스팩주 선별

아크라이트 클린 트랜지션 II

ArcLight Clean Transition Corp. II

기본 정보

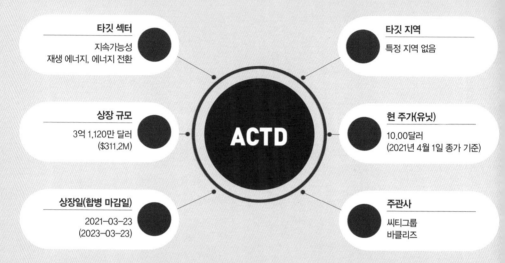

타깃 섹터
지속가능성
재생 에너지, 에너지 전환

타깃 지역
특정 지역 없음

상장 규모
3억 1,120만 달러
($311.2M)

현 주가(유닛)
10.00달러
(2021년 4월 1일 종가 기준)

ACTD

상장일(합병 마감일)
2021-03-23
(2023-03-23)

주관사
씨티그룹
바클리즈

유닛(ACTDU) 1주 = 보통주(ACTD) 1주 + 워런트(ACTDW) 1/5주, 행사가 $11.5(1:1)

지속가능한 에너지로의 전환이 가속화되고 있고, 그 과정에서 창출되는 기회를 잡으려는 스팩이다. 주요 관심 분야는 지속적인 경제의 탈탄소화(Decarbonization)를 가능하게 하는 제품, 장비, 서비스 및 기술 등이다. 그래서 신재생 에너지 발전, 에너지 저장, 전기 차량, 신재생 연료 등 청정에너지 생태계에서 급성장하는 부문에 있는 기업을 타깃으로 하고 있다.

스팩 평가

다니엘 R. 리버스(출처: arclightclean.com)

- **리더십**: 다니엘 R. 리버스(Daniel R. Revers)는 사모펀드 아크라이트 캐피털 파트너스(ArcLight Capital Partners) 창업자로 30년 이상 에너지 금융 및 사모펀드 경력 보유하고 있다. 전기 버스회사인 프로테라의 이사, 태양열 에너지 기업인 선런의 에너지 서비스 부문 부사장, 태양광 개발회사인 리커런트 에너지의 창업자, 사모펀드인 워버그 핀커스에너지 그룹 전 부사장 등이 함께하고 있다.

- **투자 플랫폼**: 북미 지역의 에너지 인프라 투자에 초점을 맞춘 사모펀드 회사 아크라이트 캐피털 파트너스(ArcLight Capital Partners, LLC)와 함께하고 있다. 투자 규모는 230억 달러(25조 원) 수준으로 북미 지역의 에너지 인프라 투자에 주력하는 선도 기업 중 하나이기 때문에 인수합병 관련 다양한 경험, 노하우 및 경영 자원 등을 지원받을 것이다. 참고로, 스팩의 이사진 2명은 바이든 정부의 클린에너지 사업에 공동의장과 전략 고문으로 참가할 만큼 해당 섹터에서 높은 전문성을 가지고 있다.

- **스팩 상장 이력 등**: 아크라이트 클린 트랜지션의 두 번째 스팩이다. 첫 번째는 많은 투자자가 학수고대하던 전기버스 업체 프로테라(Proterra)의 인수합병을 발표해서 시장을 깜짝 놀라게 했다. 프로테라를 인수합병할 쟁쟁한 후보 스팩들을 물리치고 시장에서 큰 주목을 받지 못했던 스팩이 대어를 잡았기 때문이다. 만약 사전에 스팩의 리더십을 조사했다면 지속가능성 섹터에서 충분히 유망 기업을 찾을 수 있는 능력과 역량이 된다는 것을 알 수 있었을 것이다. 지금은 프로테라 인수합병으로 두 번째 스팩에 대한 기대감이 있는 상황인데, 또 다른 유망 기업을 찾아 그 기대감을 충족시켜주길 기대해본다.

클라이메이트 리얼 임팩 솔루션 II 어퀴지션

Climate Real Impact Solutions II Acquisition Corporation

기본 정보

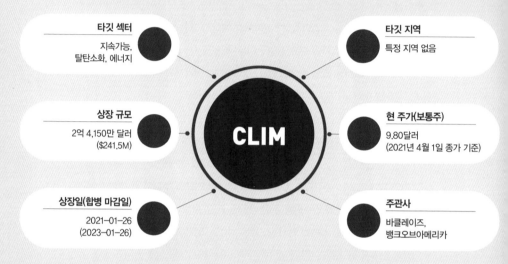

타깃 섹터
지속가능,
탈탄소화, 에너지

타깃 지역
특정 지역 없음

상장 규모
2억 4,150만 달러
($241.5M)

현 주가(보통주)
9.80달러
(2021년 4월 1일 종가 기준)

CLIM

상장일(합병 마감일)
2021-01-26
(2023-01-26)

주관사
바클레이즈,
뱅크오브아메리카

유닛(CLIM.U) 1주 = 보통주(CLIM) 1주 + 워런트(CLIM WS) 1/5주, 행사가 $11.5(1:1)

탈탄소화(Decarbonization)는 21세기 경제에 필수 요소로, 재생 에너지로의 극적인 전환이 이루어지고 있다. 이런 청정경제(Clean Economy)로의 전환에서 창출되는 기회를 세계 최대 채권 펀드 운용사인 핌코(PIMCO)의 투자 플랫폼을 활용해 찾으려는 스팩이다.

스팩 평가

 데이비드 W. 크레인 (출처: greenbiz.com)

• **리더십**: 데이비드 W. 크레인(David W. Crane)은 미국 뉴욕증권거래소에 상장된 통합 전력회사인 NRG에너지의 전 최고경영자로 청정에너지, 재생 에너지, 탄소 제거 등 기후 관련 섹터에 상당한 경험과 지식, 리더십을 보유하고 있다. 또한, 뉴욕주 에너지연구개발청(NYSERDA) 현 이사회 의장, 크레디트 스위스(Credit Suisse)의 글로벌 에너지 그룹 전 회장, GE(General Electric)의 전 최고마케팅 책임자 등 우수한 리더십을 보유하고 있다.

• **투자 플랫폼**: 우수한 경영진 뒤에 세계 최대 채권펀드 운용사인 핌코(PIMCO)의 투자 플랫폼이 잘 작동하는 것으로 보인다. 핌코는 전 세계에 오피스를 운영하고 있고, 3,000명 이상의 전문 인력이 약 2조 2,200억 달러(2,420조 원)의 자산을 관리 중이다. 이는 엄청난 규모이고, 특히 에너지 부문의 청정에너지 전환을 주도하기 위해 수십 년 동안 노력을 해오고 있기 때문에 해당 섹터에 대한 전문성과 폭넓은 네트워크를 구축하고 있다.

• **스팩 상장 이력 등**: 첫 번째 스팩이 상장된 지 4개월도 안 돼서 미국 EV 고속충전의 선두주자인 이브이고(EVgo)와 인수합병 계약을 체결했다. 그리고 인수합병 발표 직후 이번 두 번째 스팩을 바로 상장시켰다. 실행력이 뛰어나고 준비가 잘된 스팩회사라는 느낌을 준다. 이번 스팩 또한 핌코의 경영 자원을 최대한 활용하여, 탈탄소화 및 재생 에너지 관련 유망 기업을 빠른 시일 내에 찾기를 기대해본다.

노던 제네시스 어퀴지션 II

Northern Genesis Acquisition Corp. II

기본 정보

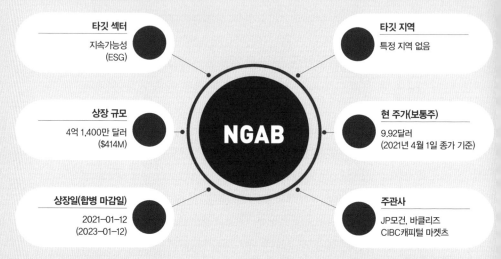

타깃 섹터
지속가능성
(ESG)

타깃 지역
특정 지역 없음

상장 규모
4억 1,400만 달러
($414M)

현 주가(보통주)
9.92달러
(2021년 4월 1일 종가 기준)

NGAB

상장일(합병 마감일)
2021-01-12
(2023-01-12)

주관사
JP모건, 바클리즈
CIBC캐피털 마켓츠

유닛(NGAB.U) 1주 = 보통주(NGAB) 1주 + 워런트(NGAB WS) 1/3주, 행사가 $11.5(1:1)

지속가능성 관점에서 비재무적 요소인 환경(Environment)·사회(Social)·지배구조 (Governance) 요소(ESG)를 비즈니스 계획 및 활동에 반영한 기업을 찾는 스팩이다. 'ESG' 기업이 경제적 가치를 창출할 뿐만 아니라 사회적, 환경적 가치까지 만들어 낼 수 있다고 믿고 있다. 그래서 'ESG'를 추구하는 기업에 투자할 수 있는 매력적 인 기회를 찾고 있다.

스팩 평가

마이클 호프만(출처:www.zimbio.com)

- **리더십:** 마이클 호프만(Michael Hoffman)은 전력 및 재생 에너지 투자회사인 스톤 캐피털 파트너스(Stone Capital Partners)의 창립자이다. 그리고 다국적 사모펀드인 리버스톤(Riverstone)의 재생 에너지 펀드의 전 책임자, 세계 최대 사모펀드인 블랙스톤의 전 M&A부문 책임자 등을 역임한 전력 및 재생 에너지 산업 분야의 베테랑이다.

- **투자 플랫폼:** 두 번째로 상장하는 스팩이다. 첫 번째는 노던 제네시스 어퀴지션 I(Northern Genesis Acquisition I)으로 아마존과 전기차 공급 계약을 맺은 라이언 일렉트릭(Lion Electric)을 인수합병 한다고 발표했다. 놀라운 점은 상장부터 합병 발표까지는 3개월 정도밖에 소요되지 않았다는 점이다. 매우 빠르게 기업을 찾고 인수합병 계약까지 진행되었음에도 합병 발표 후 주가가 30달러를 돌파할 정도로 시장으로부터 매우 좋은 평가를 받는 기업을 찾았다는 것이다.
그만큼 경영진이 우수하다고 해석할 수 있는데, 글로벌 인프라 투자에 30년 이상의 경험을 가진 마이클 호프만(Michael Hoffman)외 캐나다 재생 에너지 회사인 알곤퀸 파워&유틸리티(Algonquin Power&Utilities)의 전 최고경영자, 캐나다 유틸리티 서비스 회사인 자나 코퍼레이션(JANA Corp.)의 전 부사장, 캐나다 풍력에너지 개발사인 바우아크 에너지(BowArk Energy)의 창업자, 캐나다 세계 최대의 기관 투자자 중 하나인 온타리오 교원연기금(Ontario Teachers' Pension Plan)의 전 글로벌 책임자 등이 스팩을 이끌고 있다.

- **과거 이력 등:** 경영진과 이사진 대다수가 캐나다에 기반을 둔 회사에서 커리어를 쌓았기 때문에 캐나다 기업인 라이언 일렉트릭에 이어 두 번째 인수합병 대상 기업 또한 캐나다에 기반을 둔 유망 기업일 가능성도 있어 보인다.

브로드스케일 어퀴지션

Broadscale Acquisition Corp.

기본 정보

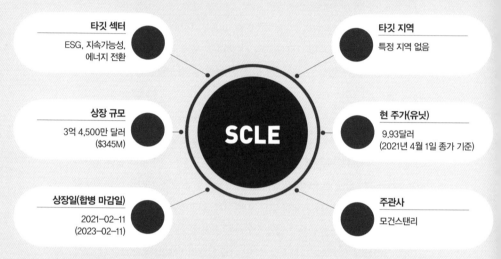

타깃 섹터
ESG, 지속가능성,
에너지 전환

타깃 지역
특정 지역 없음

상장 규모
3억 4,500만 달러
($345M)

현 주가(유닛)
9.93달러
(2021년 4월 1일 종가 기준)

SCLE

상장일(합병 마감일)
2021-02-11
(2023-02-11)

주관사
모건스탠리

유닛(SCLEU) 1주 = 보통주(SCLE) 1주 + 워런트(SCLEW) 1/4주, 행사가 $11.5(1:1)

에너지, 교통, 건물, 제조, 농업 및 식품과 관련하여 전통적인 산업을 긍정적인 방법으로 변화시켜 인류의 삶에 가시적인 개선을 창출하려는 스팩이다. 특히, 사회가 기후 변화를 완화하고 적응할 수 있는 저탄소 및 자원 효율 솔루션의 사용을 요구함에 따라 경제의 저탄소화(Decarbonization) 관련 기업을 찾는 데 집중하고 있다.

스팩 평가

 앤드류 L. 사피로(출처: broadscale.com)

- **리더십**: 앤드류 L. 사피로(Andrew L. Shapiro)는 투자회사 브로드스케일 그룹 (Broadscale Group) 및 컨설팅회사 그린오더(GreenOrder) 창업자로 주로 청정에너지, 첨단 운송 및 지속가능한 기술에 투자하고 상업화하는 데 30여 년의 경력을 보유한 베테랑이다. 그리고 투자사 헵코 캐피털 매니지먼트(Hepco Capital Management) 의 전 회장, 뱅코프(Bancorp) 은행 창립자, 사모펀드 나바브 캐피털(Navab Capital Partners)의 ESG 책임자 및 타 스팩들의 이사 등 다양한 전문지식과 네트워크를 보유한 리더십을 보유하고 있다.

- **투자 플랫폼**: 전기 버스 프로테라(Proterra), 전기 스쿠터 스타트업 레벨(Revel), 차량 공유 서비스 비아(Via) 등 주로 파괴적 혁신 기술 기업에 투자하는 브로드스케일 그룹과 기술, 의료, 금융 서비스 및 부동산 관련 성장 기업에 주로 투자하는 헵코 캐피털 매니지먼트의 투자 플랫폼을 활용하여 인수합병 대상 기업을 찾고 있다.

- **과거 이력 등**: 경영진과 이사진은 주식 거래 플랫폼 이토로(Etoro), 위성 데이터 분석회사 블랙스카이(BlackSky), 전기차 충전회사 블링크 차징(Blink Charging), 온라인 결제 플랫폼 페이오니어(Payoneer), 투자자문 전문 금융회사 페렐라 와인버그 파트너스(Perella Weinberg Partners) 등 다양한 기업들을 스팩 상장한 경험과 노하우를 보유하고 있다. 오랜 기간 지속가능한 비즈니스와 혁신 분야에서 쌓은 이런 투자 경험과 네트워크는 유망하고, 확장 가능한 비즈니스 모델을 가진 저탄소화 (Decarbonization) 관련 기업 찾는 데 큰 도움이 될 것이다.

디카보니제이션 플러스 에퀴지션 III

Decarbonization Plus Acquisition Corporation III

기본 정보

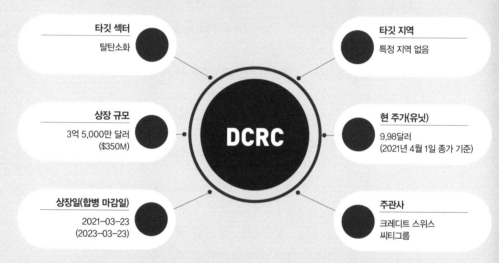

타깃 섹터
탈탄소화

타깃 지역
특정 지역 없음

상장 규모
3억 5,000만 달러
($350M)

DCRC

현 주가(유닛)
9.98달러
(2021년 4월 1일 종가 기준)

상장일(합병 마감일)
2021-03-23
(2023-03-23)

주관사
크레디트 스위스
씨티그룹

유닛(DCRC U) 1주 = 보통주(DCRC) 1주 + 워런트(DCRC W) 1/3주, 행사가 $11.5(1:1)

사모펀드 리버스톤(Riverstone)의 플랫폼을 활용해서 글로벌 탈탄소화 (Decarbonization) 관련 기업을 찾으려는 스팩이다. 리버스톤은 뉴욕, 런던, 휴스턴, 멘로파크, 멕시코시티, 암스테르담에 오피스를 운영하고 있으며 신재생 에너지, 전력 및 인프라 섹터에서 400억 달러 이상의 자금을 조달한 경험과 네트워크를 가지고 있다.

스팩 평가

에릭 앤더슨 (출처: wrg.vc)

- **리더십**: 최고경영자 에릭 앤더슨(Erik Anderson)은 투자회사 웨스트리버 그룹(WestRiverGroup)의 창업자 겸 최고경영자이다. 그는 다양한 기업에서 커리어를 쌓으면서 세계 4대 회계법인인 언스트앤드드영(Ernst&Young)으로부터 최고의 기업가상 그리고 골드만삭스로부터 가장 흥미로운 기업가 100인에 선정되는 등 기업가로서 많은 상을 받았다. 또한, 다국적 투자은행인 골드만삭스에서 부사장을 역임하는 등 투자관련 경력 또한 보유하고 있다.

- **스팩 상장 이력 등**: 디카본니제이션 플러스 에퀴지션은 시리즈 스팩으로, 현재 4개의 스팩을 보유하고 있다. 첫 번째 스팩(티커 심볼: DCRB)은 수소 연료 전지 자동차 제조사 하이조 모터스(Hyzon Motors)의 인수합병을 발표했다. 현재 조정장으로 주가가 하락한 상태지만, 인수합병 발표 이후 주가는 공모가 대비 약 80% 상승하며 17.76달러까지 도달했었다. 그만큼 시장의 큰 관심을 받을 수 있는 친환경 오토 메이커를 잘 찾았다는 것으로 해석할 수 있다.
두 번째 스팩(티커 심볼: DCRN)은 올해 2월 3일에 상장을 했고, 3번째 스팩(티커 심볼: DCRC)은 3월 23일에 상장했다. 그리고 현재 4번째 스팩(티커 심볼: DCRD)은 상장을 위해 미국 증권거래위원회에 서류가 제출된 Pre IPO 단계에 있다.

- **투자 플랫폼**: 스팩을 지원하는 사모펀드 리버스톤(Riverstone)은 16년 전부터 탈탄소화 관련 가치사슬 전반에 걸쳐 투자해오고 있기 때문에 해당 섹터에 대한 기술적 지식과 풍부한 네트워크를 보유한 것으로 보인다. 그리고 첫 번째 인수합병 대상을 찾으면서 기존 네트워크 풀은 더욱 확대되었을 것이다. 따라서 향후 인수합병 발표가 빠르게 진행될 것으로 추정되며, 두 번째부터 네 번째 스팩의 규모는 모두 3억 5,000만 달러로 동일하기 때문에 스팩 순서대로 진행될 것으로 보인다.

스위치백 III

Switchback III Corp.

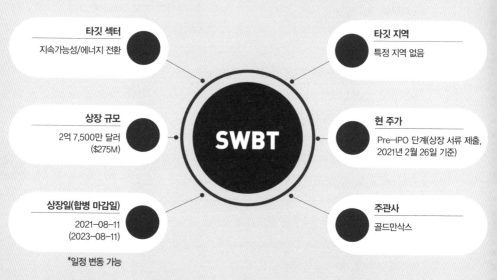

타깃 섹터
지속가능성/에너지 전환

타깃 지역
특정 지역 없음

상장 규모
2억 7,500만 달러
($275M)

SWBT

현 주가
Pre-IPO 단계(상장 서류 제출,
2021년 2월 26일 기준)

상장일(합병 마감일)
2021-08-11
(2023-08-11)

주관사
골드만삭스

*일정 변동 가능

유닛(SWBT.U) 1주 = 보통주(SWBT) 1주 + 워런트(SWBT.WS) 1/5주, 행사가 $11.5(1:1)

탄소 배출량 감소 목표를 달성하기 위해 지속가능하고 혁신적인 솔루션이 필요한 에너지 기술 분야에서 타깃을 찾는 스팩이다. 에너지 자원 및 에너지 전환 섹터에 집중적으로 투자하는 사모 투자사 NGP 에너지 캐피털(NGP Energy Capital)이 지원한다.

스팩 평가

 짐 머트리(출처: linkedin.com)

- **리더십**: 스팩회사 스위치백(Switchback)과 NGP 에너지 캐피털(NGP Energy Capital)이 두 번째, 세 번째 스팩을 출시했다. 공동 최고경영자는 M&A 및 금융 거래 관리에 대한 폭넓은 경험과 에너지 산업에 대한 지식을 보유한 짐 머트리(Jim Mutrie)가 계속 맡는다.

- **스팩 상장 이력 등**: 첫 번째 스팩은 많은 투자자가 기다렸던 미국 최대 전기차 충전기업인 차지포인트(ChargePoint)를 발굴했다. 합병 발표 이후 시장의 엄청난 주목을 받으며, 공모가의 4.6배인 46.10달러까지 상승했다. 조정장으로 주가가 하락하는 모습을 보였으나 최근 반등에 성공했다. 이렇게 유망한 기업을 찾은 것은 우수한 스팩의 경영진뿐만 아니라 사모투자사 NGP에너지 캐피털(NGP Energy Capital)의 역할이 컸다고 생각한다.

- **투자 플랫폼**: NGP에너지 캐피털은 1988년도에 설립되어 달라스, 텍사스, 휴스턴에 오피스를 운영하고 있으며, 103억 달러(11조 원) 규모의 자산을 운용하고 있다. NGP펀드는 투자자들로부터 약 200억 달러(22조 원)의 누적 자본을 조달하고, 12개의 주요 사모펀드에 걸쳐 215개 이상의 포트폴리오 회사에 투자하고 있다. 다시 말해, 에너지 자원 및 에너지 전환 섹터에서 이런 오랜 경험과 네트워크가 유망 기업을 찾는 데 큰 힘을 발휘한 것이다. 그리고 최근 차지포인트의 최종 상장으로 스팩 상장에 대한 성공적인 이력까지 추가하게 되었다. 그래서 이번 두 번째, 세 번째 스팩에 대한 기대감이 커지고 있다. 다시 한번 스팩의 경영진과 NGP 에너지 캐피털의 해당 섹터에 대한 경험과 네트워크가 시너지를 발휘하여 유망 기업을 발굴하길 희망해본다. 참고로, 두 번째 스팩인 스위치백 II(Switchback II Corp.)는 티커 심볼 SWBK로 거래되고 있고, 세 번째 스팩인 스위치백 III(Switchback III Corp.)는 현재 상장 준비 중으로 티커 심볼 SWBT로 올해 8월 전후로 거래될 예정이다.

헤네시 캐피털 인베스트먼트 VI

Hennessy Capital Investment Corp. VI

기본 정보

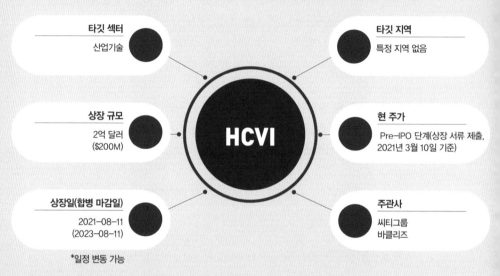

타깃 섹터
산업기술

타깃 지역
특정 지역 없음

상장 규모
2억 달러
($200M)

현 주가
Pre-IPO 단계(상장 서류 제출,
2021년 3월 10일 기준)

상장일(합병 마감일)
2021-08-11
(2023-08-11)

주관사
씨티그룹
바클리즈

HCVI

*일정 변동 가능

유닛(HCVIU) 1주 = 보통주(HCVI) 1주 + 워런트(HCVIW) 1/4주, 행사가 $11.5(1:1)

지속가능한 산업기술 및 인프라 사업과 관련된 기업을 찾는 스팩이다. 구체적으로는 첨단 모빌리티 개발 또는 제조, 신재생 원료 기술, 원료 재활용, 물 보존/처리 및 신재생 에너지 관련 기업들이다. 스팩 상장에 특화되어 있는 대체투자사 헤네시 캐피털(Hennessy Capital)이 스팩을 지원한다.

스팩 평가

다니엘 J. 헤네시(출처:live.freightwaves.com)

- **리더십**: 다니엘 J. 헤네시(Daniel J. Hennessy)는 지속가능한 산업 기술 및 인프라 섹터에 중점을 둔 대체투자사인 헤네시 캐피털(Hennessy Capital)의 창업자이다. 특히, 2013년부터 스팩 상장 관련 리더십을 가져오고 있기 때문에 풍부한 경험이 있어 프로프테크 어퀴지션 I~II (Proptech Acquisition I~II), 7GC(7GC & Co. Holdings Inc) 등 다른 스팩회사에서 헤네시 회장을 수석 고문으로 모셔가고 있다.

- **스팩 상장 이력**: 첫 번째 스팩은 2015년도에 스쿨버스 제조사 블루버드(Blue Bird)를 인수합병했다. 이후 2017년 운송물류회사 다세케(Deseke), 2018년 폐기물 관리 서비스 업체 NRC 그룹(NRC Group), 그리고 2020년 전기차 플랫폼 개발 및 전기차 제조사 카누(Canoo)를 인수합병했다. 카누의 경우 현대기아차의 전략적 파트너사이고, 애플이 인수를 시도할 만큼 높은 수준의 전기차 플랫폼 개발 기술을 가지고 있어 투자자들의 많은 관심을 받은 유망 스타트업이다.

- **투자 플랫폼 등**: 헤네시 캐피털(Hennessy Capital)은 지속적으로 스팩을 상장하고 있는데, 최근 6번째 스팩을 상장 준비 중이다. 그만큼 스팩 상장에 대한 풍부한 경험과 폭넓은 네트워크를 오랜 기간 축적해오고 있다.

현재 인수합병 기업을 찾고 있는 5번째 스팩인 헤네시 캐피털 인베스트먼트V(티커심볼: HCIC) 및 곧 나스닥에 상장될 6번째 스팩인 헤네시 캐피털 인베스트먼트VI(티커심볼: HCVI)가 어떤 유망 기업들을 발굴할지 기대가 된다.

벡토아이큐 II

VectoIQ Acquisition Corp. II

기본 정보

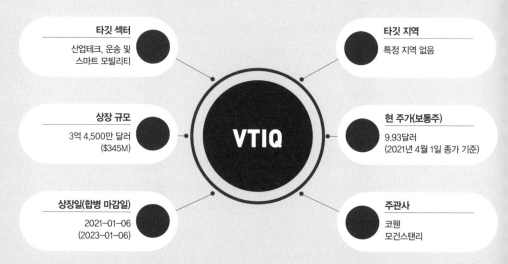

타깃 섹터
산업테크, 운송 및
스마트 모빌리티

타깃 지역
특정 지역 없음

상장 규모
3억 4,500만 달러
($345M)

VTIQ

현 주가(보통주)
9.93달러
(2021년 4월 1일 종가 기준)

상장일(합병 마감일)
2021-01-06
(2023-01-06)

주관사
코웬
모건스탠리

유닛(VTIQU) 1주 = 보통주(VTIQ) 1주 + 워런트(VTIQW) 1/5주, 행사가 $11.5(1:1)

경영진의 경험, 능력 및 네트워크를 활용하여 산업 테크, 운송 및 스마트 모빌리티
산업에서 타깃 기업을 찾고 있는 스팩이다. 경영진과 이사진은 주로 유명 자동차
회사들의 경영자 및 고위 관리직 출신으로, 스팩 상장에 대한 경험과 노하우도 함
께 보유하고 있다.

스팩 평가

 스티븐 거스키(출처: vectoiq.com)

• **리더십**: 최고경영자 스티븐 거스키(Stephen Girsky)는 제너럴모터스(General Motors)에서 글로벌 기업 전략, 신규 비즈니스 개발, 글로벌 제품 계획 및 프로그램 관리 등 부회장을 포함한 여러 직책을 수행했다.

• **스팩 상장 이력 등**: 그의 첫 번째 스팩은 수소 트럭 제조회사 니콜라를 인수합병하여 나스닥에 상장시켰다. 미국 3대 완성차 기업인 제너럴모터스의 전 부회장 타이틀과 미래 유망 사업인 수소 경제가 만나면서 국내외 투자자들에게 엄청난 관심을 받았다. 짧은 기간 동안 공모가 대비 약 8배가 상승했고 최고가 79.73달러까지 도달했다. 물론 최종 상장 이후 고점에 진입한 국내외 투자자에게는 큰 손실을 주었지만 기업공개를 통한 자금 조달이라는 스팩 상장 관점에서 바라본다면 큰 성공을 거두었다고 생각한다. 합병 이후 공매도 리포트로 니콜라가 사기 논란에 휩싸이기도 했지만 사실 여부는 시간을 갖고 지켜봐야 하는 상황이기 때문에 논외로 하겠다. 인수합병 전 니콜라는 한화 등 글로벌 기업 9곳이 투자자 겸 사업 파트너로 참여할 만큼 미래 유망 기업이었다. 이런 기업을 경쟁을 통해 인수합병한 것은 스팩의 리더십이 우수했기 때문이라고 생각한다.

• **투자 플랫폼**: 스팩의 경영진과 이사진은 제너럴모터스, 볼보(Volvo Car Corporation), 폭스바겐(Volkswagen Group), 오펠(Opel), 마그나 인터내셔널(Magna International) 등 주요 자동차회사의 경영자 또는 고위 임원 출신들이다. 때문에 자동차 산업에 대한 전문성이 매우 높고, 풍부한 네트워크를 가지고 있다. 그래서 두 번째 스팩 또한 시장의 주목을 받을 수 있는 자동차 섹터에서 기업을 찾을 것으로 예상된다. 그러나 니콜라의 사례가 있기 때문에 미래 유망 기업만으로는 부족해 보이고, 성공적인 진행을 위해 현재 비즈니스 실적을 보유하고 있는 기업을 찾아야 할 것이다.

퍼스트 리저브 서스테이너블 그로스

First Reserve Sustainable Growth Corp

기본 정보

타깃 섹터
재생 에너지,
에너지 전환

타깃 지역
특정 지역 없음

상장 규모
2억 2,240만 달러
($222.4M)

현 주가(유닛)
9.95달러
(2021년 4월 1일 종가 기준)

상장일(합병 마감일)
2021-03-04
(2023-03-04)

주관사
바클리즈, 골드만삭스

FRSG

유닛(FRSG U) 1주 = 보통주(FRSG) 1주 + 워런트(FRSG W) 1/4주, 행사가 $11.5(1:1)

저탄소 또는 무탄소 배출로의 지속적인 에너지 전환을 촉진 또는 보완하는 기술 및
솔루션을 가진 기업을 찾고 있는 스팩이다. 에너지 부문에 특화되어 있는 사모펀드
인 퍼스트 리저브(First Reserve)가 지원하고 있다.

스팩 평가

알렉스 T. 크루거(출처: greenwichtime.com)

• **리더십**: 알렉스 T. 크루거(Alex T. Krueger)는 사모펀드인 퍼스트 리저브(First Reserve)의 사장 겸 최고경영자이다. 퍼스트 리저브 및 퍼스트 리저브 펀드의 투자, 자산관리, 전략기획 및 운영과 내부 ESG 그룹을 책임지고 있다. 그리고 세계 최대 자산운용사인 블랙록의 글로벌 에너지 & 전력 인프라 펀드 I, II 등의 외부 자문단으로도 활동하고 있다.

• **투자 플랫폼**: 퍼스트 리저브(First Reserve)는 1984년에 설립되었으며, 에너지 섹터에서 가장 오래되고 가장 큰 글로벌 사모펀드 회사이다. 38년간의 에너지 섹터 관련 통찰력, 투자 전문성 및 우수한 운영 능력을 보유하고 있으며, 글로벌 관계 네트워크 또한 구축하고 있다. 설립 이후 320억 달러(35조 원) 이상의 자본을 조달했으며, 플랫폼 투자, 기업 인수 등을 포함하여 700개 이상의 거래를 추진하였다. 그래서 스팩은 퍼스트 리저브와의 제휴를 통해 이러한 경험과 네트워크를 활용하여, 타깃 기업을 찾고 인수합병을 추진할 것이다.

• **상장 규모 등**: 에너지 섹터에 특화된 투자 플랫폼을 활용하기 때문에 대형 에너지 기업을 발굴하고 협상도 가능할 것으로 보이는데, 상장 규모를 보면 2억 2,240만 달러로 작은 편에 속한다. 이 부분이 다소 아쉽지만 크다고 무조건 좋은 것은 아니기에 해당 섹터에서 유망하고 투자자들에게 매력적으로 어필될 수 있는 기업을 찾길 기대해본다.

로스 어퀴지션 II

Ross Acquisition Corp II

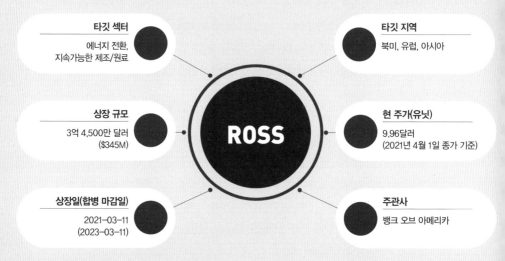

타깃 섹터
에너지 전환,
지속가능한 제조/원료

타깃 지역
북미, 유럽, 아시아

상장 규모
3억 4,500만 달러
($345M)

현 주가(유닛)
9.96달러
(2021년 4월 1일 종가 기준)

상장일(합병 마감일)
2021-03-11
(2023-03-11)

주관사
뱅크 오브 아메리카

ROSS

유닛(ROSS.U) 1주 = 보통주(ROSS) 1주 + 워런트(ROSS WS) 1/3주, 행사가 $11.5(1:1)

북미, 유럽 또는 아시아 지역에서 활동하는 4차 산업 혁명의 혜택을 받을 수 있는
성장 중심의 기업을 찾고 있는 스팩이다. 전기 자동차 및 자율 주행, 재생 에너지,
자동화/로봇, 인공지능, 빅데이터 분석, 신소재, 반도체 등에 관심을 가지고 있다.

스팩 평가

윌버 L. 로스(출처: theepochtimes.com)

- **리더십**: 윌버 L. 로스(Wilbur L. Ross, Jr)는 미국 대표 ETF인 QQQ를 운용하는 인베스코(Invesco)의 자회사인 WL 로스앤드 컴퍼니(WL Ross & Co)의 창립자 겸 전 회장이다. 사모펀드 업계의 대부로, 부도 위기의 기업을 인수하여 구조 조정 후 매각을 잘해서 '기업 사냥꾼', '파산의 왕'이라는 별명도 있다. 트럼프 행정부의 상무장관 출신으로, 과거 글로벌 투자은행인 로스차일드에서 근무할 때 트럼프의 카지노가 도산하지 않도록 도움을 준 이력이 있다. 그리고 20개 이상의 다양한 국가에서 운영되는 100개 이상의 기업들의 이사회 의장 또는 수석 이사를 역임한 경력을 가지고 있다.

- **투자 플랫폼**: 윌버 L. 로스의 40년 이상의 경험/지식 및 네트워크 외에도 글로벌 자산운용사인 인베스코의 전 사모펀드 글로벌 책임자, 인베스코 프라이빗 캐피털의 매니징 파트너, 미국/영국에서 비즈니스, 사회 및 정치 분야에서 명성을 가진 애스터 가문 출신의 기업가 겸 정치인, 전 백악관 국가경제위원회 위원장, 예일대 경영대학원 교수 등 우수한 맨파워를 가지고 있다. 그들의 정치 · 경제 · 사회 분야에서 가지고 있는 네트워크 및 영향력을 활용해서 인수합병 기업을 찾을 것이다.

- **과거 이력 등**: 윌버 L. 로스는 2014년도에 스팩인 WL 로스 홀딩 코퍼레이션(WL Ross Holding Corp)을 설립하여 2016년도에 화학 및 플라스틱을 유통하는 넥세오 솔루션스 홀딩스(Nexeo Solutions Holdings)를 인수 합병하며, 나스닥에 상장시켰다. 이후 해당 기업은 2019년도에 글로벌 화학 및 재료 유통업체인 유니바 솔루션스(Univar Solutions)이 인수를 하였다. 우수한 리더십 및 투자 플랫폼에 스팩 상장에 대한 경험까지 보유하고 있어, 지속가능성 섹터에서 어떤 유망 기업을 찾아낼지 기대된다.

테크 섹터는 인수합병 기업을 찾는 섹터 중 가장 큰 비중을 차지하고 있으며, 전자 · 소프트웨어 · 컴퓨터 · 인공지능 등 정보기술(IT) 관련 업종에서 상품과 서비스를 판매하는 사업 카테고리를 의미한다.

비즈니스 측면에서 기업들은 엔터프라이즈 소프트웨어를 만들고 물류 시스템을 관리하며, 데이터베이스를 보호하며, 기업이 전략적 비즈니스 결정을 내릴 수 있도록 하는 중요한 정보와 서비스를 제공하고 있다.

특히, 테크 기업들은 더 큰 미래 잠재력을 위해 연구개발에 많은 투자를 하고 있기 때문에 해당 섹터는 가장 매력적인 성장 투자 중 하나이다. 따라서 만약 성장주에 관심이 있는 투자자들은 테크 섹터를 관심을 갖고 살펴보도록 하자.

04

테크(Technology) 섹터 TOP 10

가장 매력적인 성장주의 요람,
테크 영역의
최강 스팩주 엄선

SVF 인베스트먼트 I

SVF Investment Corp.

기본 정보

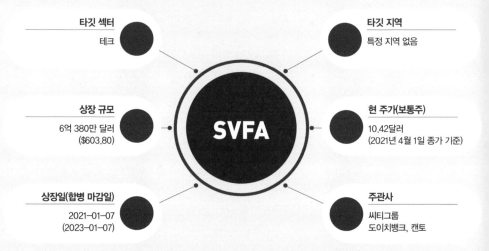

타깃 섹터
테크

타깃 지역
특정 지역 없음

상장 규모
6억 380만 달러
($603.80)

현 주가(보통주)
10.42달러
(2021년 4월 1일 종가 기준)

SVFA

상장일(합병 마감일)
2021-01-07
(2023-01-07)

주관사
씨티그룹
도이치뱅크, 캔토

유닛(SVFAU) 1주 = 보통주(SVFA) 1주 + 워런트(SVFAW) 1/5주, 행사가 $11.5(1:1)

손정의 소프트뱅크 회장이 만든 첫 번째 스팩이다. 소프트뱅크는 일본 통신 사업자에서 세계 기술 선두기업들에 투자하는 글로벌 투자회사로 전환했다. 전 세계 9개 오피스를 운영하고, 130명 이상의 투자 전문가가 100개 이상의 성장 단계에 있는 기업들에 투자하고 있다. 소프트뱅크의 투자 플랫폼을 활용해서 AI, 이동통신 기술, 로봇공학, 클라우드 기술, 소프트웨어 등 테크 섹터에서 투자 기회를 찾고 있다.

스팩 평가

 라지예프 미스라(출처: svfinvestmentcorp.com)

• **리더십**: 손정의 소프트뱅크 회장이 만든 스팩이라는 타이틀을 가지고 있고, 소프트뱅크 투자자문(SoftBank Investment Advisers) 현 최고경영자인 라지예프 미스라(Rajeev Misra)가 스팩을 이끌고 있다.

• **투자 플랫폼**: 상장 전부터 시장의 큰 주목을 받았고 스팩 상장 당일부터 공모가 대비 20%가 넘는 프리미엄이 붙었다. 시간이 지날수록 인기는 더 높아져 프리미엄이 37%까지 상승했다. 그래서 10달러 인근 매수라는 원칙을 지키기가 어려웠으나, 2021년 2월 중순 조정장을 겪으면서 현재 10달러 초반까지 내려왔다.

스팩회사는 상장 이후 바뀐 게 전혀 없는데, 주가만 원래 공모가 수준으로 돌아온 것이다. 다시 말해, 프리미엄이 붙으면서 리스크가 커져 매수하지 못했던 투자자에게는 좋은 기회가 찾아온 것이다. 물론 소프트뱅크의 유명세나 투자 플랫폼이 유망한 기업을 발굴해 대박을 안겨준다는 보장은 없다. 하지만 소프트뱅크의 투자 경험과 전 세계 유니콘 기업과의 네트워크는 유망 기업을 찾을 수 있는 가능성을 키워줄 것이다. 그래서 조정장 전에 프리미엄이 붙었던 것이 아닌가!

• **주가 등**: 주당 13.67달러까지 상승했던 주식이 현재 10달러대로 가격 할인 중이고, 공모가 근처에 위치하고 있어 투자 리스크도 많이 낮아진 상황이다. 소프트뱅크의 안목과 역량을 높게 평가하는 투자자라면 손정의 회장의 1호 스팩은 놓치기 아까운 기회일 것이다.

코슬라 벤처스 어퀴지션 III

Khosla Ventures Acquisition Co. III

타깃 섹터
테크

타깃 지역
특정 지역 없음

상장 규모
5억 달러
($500M)

현 주가(보통주)
9.98달러
(2021년 4월 1일 종가 기준)

상장일(합병 마감일)
2021-03-24
(2023-03-24)

주관사
씨티그룹, 골드만삭스

KVSC

보통주(KVSC), 유닛 없음

비노드 코슬라(Vinod Khosla)의 시리즈 스팩이다. 성장 잠재력이 큰 초기 단계 기업에 집중 투자하는 벤처캐피털 코슬라 벤처스(Khosla Ventures)의 경험과 네트워크를 활용하여 차별화된 독점 기술을 갖춘 고성장 기업을 찾고 있다.

스팩 평가

비노드 코슬라(출처: twitter.com)

- **리더십**: 비노드 코슬라(Vinod Khosla)는 프로그래밍 언어 자바(JAVA)를 개발한 선 마이크로시스템즈의 공동 창업자이고, 성공한 벤처 투자가이다. 그는 90%의 실패 확률보다는 투자금이 10배, 100배가 될 10%의 확률에 베팅하는 공격적인 투자 성향을 가지고 있다. '투기를 한다'는 의미는 아니며, 실패 확률도 높지만 성공할 경우 세상을 바꿀 수 있는 고도로 차별화된 독점 기술을 갖춘 기업에 투자한다는 의미이다.

- **투자 플랫폼**: 비노드 코슬라가 2004년도에 설립한 벤처캐피털 코슬라 벤처스(Khosla Ventures)는 최근 시리즈 스팩을 출시하고 있다. 2021년 3월 4일, 첫 번째 스팩(티커 심볼: KVSA, 3억 4,500만 달러)이 상장된 후 20일 뒤 두 번째 스팩(티커 심볼: KVSB, 4억 달러)과 세 번째 스팩(티커 심볼: KVSC, 5억 달러)을 동시에 상장했고 최근 네 번째 스팩(티커 심볼: KVSD, 2억 달러)도 상장 준비 중이다. 코슬라 벤처스는 145억 달러 이상의 자산을 운용하고 있다. 또한 AI, 지속가능한 에너지, 우주, 3D 프린팅, VR/AR(가상/증강현실), 로봇 등 광범위한 분야에 초기 투자 및 비즈니스 확대에 전략적인 조언을 하고 있다. 그래서 코슬라 벤처스의 15년 이상의 경험과 네트워크를 활용하여 고도로 차별화된 독점 기술을 갖춘 고성장 기업을 찾게 될 것이다.

- **기타(외부 평가)**: 스팩의 킹 차마스 팔리하피티야(Chamath Palihapitiya)는 올해 1월 트위터를 통해 벤처 투자가를 꿈꿨던 대학 시절에 비노드 코슬라를 영웅으로 생각했으며, 그를 현 세대의 최고 벤처 투자가로 칭송했다. 비노드 코슬라의 투자 철학과 투자 플랫폼에 차마스의 신뢰까지 더해지니 코슬라의 KVS 시리즈 스팩이 굉장히 기대된다. 특히, 시리즈 중 상장 규모가 가장 큰 KVSC(티커 심볼)가 어떤 파괴적 혁신 기업을 찾을지 관심을 갖고 지켜보고자 한다.

리인벤트 테크놀로지 파트너스 Y

Reinvent Technology Partners Y

기본 정보

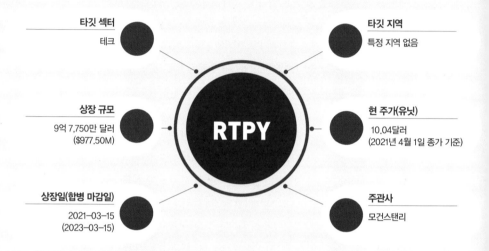

타깃 섹터

테크

타깃 지역

특정 지역 없음

상장 규모

9억 7,750만 달러
($977.50M)

현 주가(유닛)

10.04달러
(2021년 4월 1일 종가 기준)

상장일(합병 마감일)

2021-03-15
(2023-03-15)

주관사

모건스탠리

RTPY

유닛(RTPYU) 1주 = 보통주(RTPY) 1주 + 워런트(RTPY W) 1/8주, 행사가 $11.5(1:1)

투자회사 리인벤트 캐피털이 지원하는 세 번째 스팩이다. 기존과 동일하게 테크 섹터에서 기회를 찾고 있는데, 인터넷 서비스, 온라인 마켓 플레이스, 전자상거래, 결제, 게임, AI, SaaS(Software as a Service, 서비스형 소프트웨어), 디지털 헬스케어, 자율주행차, 교통 분야 등을 포함하고 있다.

스팩 평가

 리드 호프만(출처: twitter.com)

- **리더십**: 경영진이 우수한 스팩으로 이미 알려져 있다. 실리콘 밸리를 움직이는 페이팔 마피아 멤버인 링크드인 창업자 리드 호프만(Reid Hoffman)과 징가(Zynga) 창업자 마크 핀커스(Mark Pincus)가 참여하고 있다. 두 사람은 뛰어난 기업가이자 투자자이다. 두 억만장자는 페이스북의 첫 엔젤 투자자이기도 하다. BHR 캐피털 창업자 마이클 톰슨과 함께 투자회사 리인벤트 캐피털(Reinvent Capital)을 설립했다.

- **투자 플랫폼**: 리인벤트 캐피털(Reinvent Capital)은 우버의 자율주행 사업 부문을 인수한 자율주행 기업인 오로라(Aurora), 차량 공유 서비스 업체인 리프트(Lyft), 우주 탐사 기업인 스페이스 X(Space X) 등 해당 산업을 이끄는 다양한 기업들에 투자하고 있다. 해당 투자 플랫폼을 활용하여 스팩이 타깃으로 하는 섹터 내에서 유망 선도 기업을 찾을 것이다.

- **스팩 상장 이력 등**: 첫 번째 스팩은 항공 모빌리티 선두기업인 조비 에비에이션(Joby Aviation)을 발굴했고, 두 번째 스팩은 급성장하고 있는 인슈어테크 스타트업 히포(Hippo)를 인수합병한다고 최근 발표했다. 그리고 합병 기업을 찾는 데 6개월을 넘기지 않았다. 다만, 안타깝게도 조정장으로 인해 미래 성장 기업에 높은 점수를 주기 어려워지다 보니 주가는 크게 상승하지 못했다. 하지만 투자자들이 관심을 갖고 지켜볼 만한 가치가 있는 유망 기업들이라고 생각한다.
이번 세 번째 스팩은 규모도 가장 크기 때문에, 경영진의 투자 성향이 잘 반영된 대형 혁신 기업이 인수합병이 발표되어 주가가 크게 상승하길 기대해본다.

브릿지타운 2 홀딩스

Bridgetown 2 Holdings Limited

─── 기본 정보 ───

타깃 섹터
테크,
금융 서비스, 미디어

타깃 지역
동남아시아

상장 규모
2억 9,900만 달러
($299M)

BTNB

현 주가(보통주)
10.30달러
(2021년 4월 1일 종가 기준)

상장일(합병 마감일)
2021-01-25
(2023-01-25)

주관사
씨티그룹
BTIG

보통주(BTNB), 유닛 없음

새로운 경제 성장 시대로 접어들고 있는 동남아시아에서 '신경제* 분야'라고 언급되는 기술, 금융 서비스 또는 미디어 섹터에서 타깃 기업을 찾는 스팩이다. 60억 달러(6조 원) 이상의 자산을 운용하는 투자회사 틸 캐피털(Thiel Capital)과 960억 달러(106조 원)의 자산을 관리하는 퍼시픽 센추리(Pacific Century)의 플랫폼을 활용하고 있다. 그리고 퍼시픽 센추리의 자회사인 자산운용사 파인브릿지(PineBridge)의 자원도 포함된다.

신경제: 정보통신기술을 기반으로 새로운 유망 분야가 출현하거나 확대되고 경제 성장과 물가 안정의 공존이 지속되는 현상

스팩 평가

매튜 댄자이젠(출처: thefamouspeople.com)

• **리더십**: 매튜 댄자이젠(Matt Danzeisen)은 투자회사 틸 캐피털(Thiel Capital)의 민간 투자 책임자로 미국 및 아시아 지역을 책임지고 있다. 또한, 한국과 동남아시아의 기술기업에 투자하는 한국에 본사를 둔 사모펀드 크레센도의 공동 설립자이기도 하다.

• **투자 플랫폼**: 페이팔 공동 창업자 및 팔란티어 창업자 피터 틸(Peter Thiel)과 홍콩 갑부 리처드 리(Richard Li)가 설립한 투자회사들이 지원하고 있다. 리처드 리는 중국 최대 IT 기업 텐센트(Tencent), 중국 인터넷 기업 소후(Sohu), 중국 포털 사이트 시나(Sina) 등의 초기 투자자이다. 피터 틸은 페이스북(FaceBook), 링크드인(LinkedIn), 스트라이프(Stripe), 소파이(Sofi), 스페이스 X(Space X), 스포티파이(Spotify), 에어비엔비(Airbnb) 등 이름만 들어도 알 수 있는 기업들의 초기 자금을 지원했다. 두 사람 모두 유망 기업을 찾는 좋은 안목을 가진 유명 기업가 겸 투자가들이다. 스타 기업가이자 투자가가 이끄는 두 투자회사가 시너지 효과를 발휘하여 동남아 지역에서 매력적인 기업들을 찾아내길 기대해본다.

• **스팩 상장 이력 등**: 첫 번째 스팩(티커 심볼: BTWN)은 블룸버그발로 인도네시아 최대 전자상거래 회사인 토코페디아(Tokopedia) 등과 인수 합병 루머가 있는 상황이다. BTWN은 프리미엄이 붙어 주가가 17.37달러까지 상승했었는데, 조정장 및 인수합병 발표가 늦어지면서 현재 10달러대로 내려왔다. 물론, 토코페디아와 인수합병을 한다고 확신할 수 없지만, 두 번째 스팩을 검토할 때 첫 번째 스팩도 함께 살펴보는 것도 좋다고 생각한다.

MSD 어퀴지션

MSD Acquisition Corp.

타깃 섹터
테크, 미디어

타깃 지역
특정 지역 없음

상장 규모
5억 7,500만 달러
($575M)

현 주가(유닛)
10.18달러
(2021년 4월 1일 종가 기준)

상장일(합병 마감일)
2021-03-24
(2023-03-24)

주관사
골드만삭스
모건스탠리

MSDA

유닛(MSDAU) 1주 = 보통주(MSDA) 1주 + 워런트(MSDAW) 1/5주, 행사가 $11.5(1:1)

테크 및 미디어 섹터에서 고성장 기업을 찾는 스팩이다.
델 컴퓨터 창업자 마이클 델(Michael Dell)이 1998년도에 설립한 투자회사 MSD
캐피털(MSD Capital)과 2009년도에 설립한 투자자문회사인 MSD 파트너스(MSD
Partners)가 해당 스팩을 지원한다.

스팩 평가

그레그 렘카우(출처: businessinsider.com)

- **리더십**: 델 컴퓨터 창업자인 마이클 델(Michael Dell)과 골드만삭스(Goldman Sachs) 투자은행 부문 전 공동대표 그레그 렘카우(Gregg Lemkau)가 만든 스팩이다.

- **투자 플랫폼**: 〈포천〉지 선정 500대 기업의 최연소 최고경영자 타이틀을 가진 마이클 델은 스팩회사의 전략 고문으로 활동하고 있다. 또한, 델이 설립한 MSD 캐피털과 MSD 파트너스의 오랜 투자 경험과 자원을 활용하여 인수합병 대상 기업을 찾는 것을 지원하고 있다. 두 회사는 110명 이상의 전문가를 보유하고 있으며 현재 190억 달러(21조 원) 이상의 자산을 운용하고 있다.

- **투자 이력 등**: 그레그 렘카우는 28년 동안 글로벌 투자은행 골드만삭스(Goldman Sachs)에서 근무했다. 1992년에 입사한 후 우버, 트위터 등 거대 테크 기업과 미디어 회사에 자문을 하였고, 2013년에는 M&A 부문 대표, 2017년에는 투자은행 부문 공동대표가 되었다. 월스트리트 최고의 딜 메이커이자 골드만삭스의 차기 최고경영자 후보 중 한 명으로 평가받고 있는 인물이었다. 그래서 그가 2020년 말 골드만삭스를 떠나 마이클 델의 투자회사인 MSD 파트너스(MSD Partners)의 최고경영자로 합류한다는 소식은 월스트리트를 깜짝 놀라게 했다.

마이클 델의 기술 전문 지식, 광범위한 산업 관계 네트워크 및 투자 플랫폼과 그레그 렘카우의 골드만삭스에서 쌓은 딜 메이킹 경험과 노하우가 결합되어 시장에서 차별화된 유망한 기업을 찾아내길 기대해본다.

LDH 그로스 I

LDH Growth Corp I

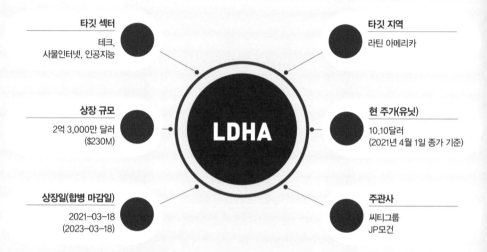

타깃 섹터
테크,
사물인터넷, 인공지능

타깃 지역
라틴 아메리카

상장 규모
2억 3,000만 달러
($230M)

현 주가(유닛)
10.10달러
(2021년 4월 1일 종가 기준)

상장일(합병 마감일)
2021-03-18
(2023-03-18)

주관사
씨티그룹
JP모건

LDHA

유닛(LDHAU) 1주 = 보통주(LDHA) 1주 + 워런트(LDHAW) 1/5주, 행사가 $11.5(1:1)

빠르게 진화하는 라틴 아메리카와 히스패닉 시장에서 유망 테크 기업을 찾는 스팩이다. 인터넷/통신회사 소프트뱅크(SoftBank Group)가 지원하는데, 특히 20개 포트폴리오 기업에 20억 달러(2조 2,000억 원) 이상을 투자하고 있는 소프트뱅크 라틴 아메리카 펀드(SoftBank Latin America Fund)의 투자 플랫폼이 활용되고 있다.

스팩 평가

마르셀로 클로레(출처: global.softbank)

- **리더십**: 마르셀로 클로레(Marcelo Claure)는 소프트뱅크 그룹의 부사장 겸 최고운영책임자이다. 손정의 회장을 포함한 고위 경영진과 함께 소프트뱅크의 전 세계 운영 및 전략을 총괄하고 있다.

- **투자 플랫폼**: 소프트뱅크 손정의 회장은 라틴 아메리카를 경제적으로 가장 중요한 지역 중 하나가 될 것이고, 향후 지속 성장할 것으로 판단하고 있다. 그래서 남미지역의 테크 스타트업에 투자하기 위해 50억 달러(5조 5,000억 원) 규모의 펀드도 조성하고 남미 시장 진출을 지원하는 그룹도 만들었다. 이렇게 소프트 뱅크가 하나의 특정 지역을 타깃으로 움직이는 것은 이번이 처음이다. 다시 말해, 해당 시장을 매우 중요하게 생각하고 있고, 사업 비중을 높게 가져가겠다는 의미로 해석할 수 있다. 이러한 전략적인 움직임 속에서 라틴 아메리카 및 히스패닉 시장을 대상으로 하는 스팩이 상장된 것이다. SVF 인베스트먼트 I(티커 심볼: SVFA)이 소프트뱅크의 1호 스팩이라면 LDH 그로스 I(티커 심볼: LDHA)은 소프트뱅크의 라틴 아메리카 1호 스팩이라고 볼 수 있다. 소프트뱅크는 지속적으로 스팩 상장을 추진할 것이기 때문에 1호 스팩의 의미와 상징성을 잘 알고 있을 것이다. 그리고 스팩 상장 시장에서 첫걸음을 잘 떼야 하기 때문에 그룹 차원에서 집중할 수밖에 없을 것이다.

- **시장 기회 등**: 라틴 아메리카는 상대적으로 국내 투자자들에게 잘 알려지지 않았지만 거대 시장일 뿐만 아니라 우수한 스타트업들도 많다. 미국 시장과 달리 스팩 회사 간 인수합병 대상 기업을 찾는 경쟁 강도가 낮을 것으로 예상되기 때문에 해당 지역의 시장 리더 기업을 발굴하기가 상대적으로 수월할 수 있다. 라틴아메리카에서 성공적인 인수합병이 진행되어 해당 지역을 대상으로 한 2호, 3호 스팩들이 탄생하길 기대해본다.

Z-워크 어퀴지션 코퍼레이션

Z-Work Acquisition Corp.

─────── 기본 정보 ───────

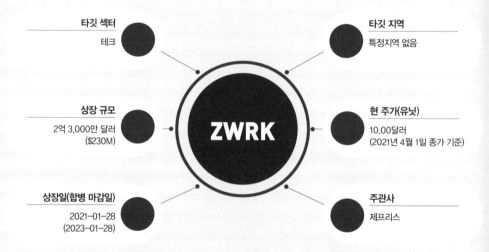

타깃 섹터
테크

타깃 지역
특정지역 없음

상장 규모
2억 3,000만 달러
($230M)

현 주가(유닛)
10.00달러
(2021년 4월 1일 종가 기준)

상장일(합병 마감일)
2021-01-28
(2023-01-28)

주관사
제프리스

ZWRK

유닛(ZWRKU) 1주 = 보통주(ZWRK) 1주 + 워런트(ZWRKW) 1/3주, 행사가 $11.5(1:1)

업무(Work) 혁신 관련 분야에 집중하고 있는 스팩이다.
기술로 인해 모든 형태의 업무가 변화되고 있고, 근로자의 업무 효율성과 만족도를
향상시키고 있다. 이러한 트렌드는 고용자 – 근로자 사이에 새롭고 효율적으로 상
호작용을 촉진할 수 있는 시장을 출현시키고 있다. 이런 시장에서 제품과 서비스를
제공할 수 있는 고성장, 기술 중심의 회사를 찾고 있다.

스팩 평가

더그 앳킨 (출처: communitascapital.com)

• **타깃 대상**: 스팩은 타깃 기업을 '업무(Work) 혁신 기술 기업'으로 매우 구체화하고 있다. 일반적으로 벤처캐피털 또는 사모펀드의 다양한 경영 자원을 활용하여 광범위하게 인수합병 대상 기업을 찾는 기존 스팩회사들과는 다소 다른 모습이다. 그래서 모든 스팩회사들의 눈에 좋아 보이는 타깃을 찾기 위해 무분별한 경쟁을 할 필요가 없기 때문에, 하나의 세분화된 분야에 한정된 자원과 역량을 집중시킬 수 있는 장점을 가지고 있다.

• **리더십**: 공동의장 더그 앳킨(Doug Atkin)은 전 로이터 최고경영자, 전 뉴욕증권거래소 최고경영자와 함께 만든 벤처 펀드인 코뮤니타스 캐피털(Communitas Capital)의 공동 창립자이다. 그는 25년 이상 금융 기술 산업에서 투자가, 분석가, 창립자 및 고위 임원으로 활동한 베테랑이다. 그리고 미국 숙박 공유 서비스 회사인 에어비엔비(Airbnb)의 전 커뮤니티 글로벌 책임자, 뉴욕증권거래소 유로넥스트(NYSE Euronext)의 전 최고경영자, 온라인 데이팅 플랫폼인 매치 그룹(Match Group)의 전 최고경영자, 다국적 미디어 그룹인 톰슨 로이터(Thomson Reuters)의 전 최고경영자 및 임시 채용 플랫폼 회사인 블루크루(Bluecrew)의 전 최고경영자 등 유명 기술 기업과 투자회사의 창업자와 고위 경영자 출신들과 함께하고 있다. 그래서 스팩의 리더십은 기술 섹터에서 전문성을 확보하고 있을 뿐만 아니라 스팩 상장을 포함하여 150개 이상의 기업에 투자한 경험과 네트워크까지 보유하고 있다.

• **시장 기회 등**: 코로나19로 인해 기술을 통한 업무 전환에 초점을 맞춘 다양한 기업들이 엄청난 성장을 했다. 포스트 코로나 시대에도 이런 구조적 전환은 유지될 것이기에 기업용 메신저 슬랙(Slack), 화상회의 플랫폼 줌(Zoom), 일자리 플랫폼 업워크(Upwork)처럼 일과 기술이 결합한 업무 혁신 유망 스타트업이 새로 발굴되길 기대해본다.

디엠와이 테크놀로지 그룹IV

dMY Technology Group, Inc. IV

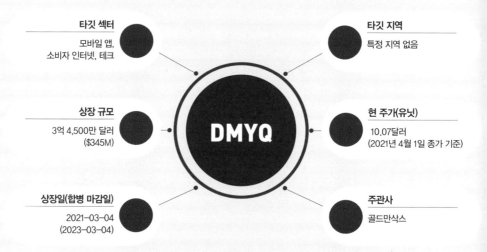

타깃 섹터
모바일 앱,
소비자 인터넷, 테크

타깃 지역
특정 지역 없음

상장 규모
3억 4,500만 달러
($345M)

현 주가(유닛)
10.07달러
(2021년 4월 1일 종가 기준)

DMYQ

상장일(합병 마감일)
2021-03-04
(2023-03-04)

주관사
골드만삭스

유닛(DMYQ.U) 1주 = 보통주(DMYQ) 1주 + 워런트(DMYQ WS) 1/5주, 행사가 $11.5(1:1)

스팩 상장에 특화되어 있는 디엠와이 테크놀로지 그룹(dMY Technology Group)의 네 번째 스팩이다. 스마트폰 사용 확대에 따라 모바일 앱 시장이 크게 성장하고 있는 환경 속에서 모바일 앱 생태계에서 기술력을 갖춘 기업 또는 해당 섹터의 성장을 뒷받침해줄 수 있는 파괴적 혁신 기업을 찾고 있다.

스팩 평가

 니콜로 데 마시 & 해리 L. 유(출처: dmytechnology.com)

• **리더십**: 최고경영자 니콜로 데 마시(Niccolo de Masi)는 나스닥 상장기업인 모바일 게임사 글루 모바일(Glu Mobile)의 전 최고경영자이자 현 이사회 의장이다. 글루 모바일 등 5개의 모바일 회사를 성공적으로 이끌었고, 25개 이상의 인수 합병을 하며 약 14억 달러(1조 5,000억 원)를 조달한 경험까지 보유하고 있다. 그리고 의장 해리 L. 유(Harry L. You)는 S&P500 기업인 델 EMC에 인수된 EMC 코퍼레이션(EMC Corporation)의 전 부사장으로 인수합병, 공동 벤처 및 벤처캐피털 활동을 포함한 기업 전략과 신사업 개발을 감독했다. 그리고 세계 2위 소프트웨어 회사인 오라클(Oracle) 및 글로벌 경영 컨설팅 회사인 액센츄어(Accemture)에서 최고재무책임자를 역임하기도 했다.

• **스팩 상장 이력 등**: 두 사람은 2020년 1월 디엠와이 테크놀로지(dMY Technology)를 설립했다. 첫 번째 스팩은 미국 온라인 카지노 플레이어인 러시 스트리트 인터렉티브(Rush Street Interactive, 티커 심볼: RSI), 두 번째 스팩은 글로벌 스포츠 베팅 데이터 분석회사인 지니어스 스포츠 그룹(Genius Sports Group, 티커 심볼: GENI)을 인수합병했다. 그리고 세 번째 스팩(티커 심볼: DMYI)은 올해 3월 세계 최초의 양자 컴퓨팅 회사인 아이온큐(IonQ)를 인수합병한다고 발표했다. 14개월 동안 무려 3개의 유망 기업을 발굴하고 인수합병 계약까지 체결한 것이다. 그리고 시장에서 충분히 주목을 받을 수 있는 기업들이라는 점에서 디엠와이 테크놀로지 그룹의 리더십에 높은 점수를 주고 싶다.

• **상장 규모 등**: 이번 네 번째 스팩 상장은 아이온큐(IonQ)에 대한 인수합병 발표 직전에 이루어졌는데 상장 규모도 3억 4,500만 달러로 기존 스팩 대비 가장 크다. 이번에는 어떤 유망 모바일 앱 관련 기업을 얼마나 빨리 찾을 수 있을지 궁금해진다.

넥스트젠 어퀴지션 II

NextGen Acquisition Corp. II

--- 기본 정보 ---

타깃 섹터
산업, 테크, 헬스케어

타깃 지역
특정 지역 없음

상장 규모
3억 5,000만 달러
($350M)

현 주가(유닛)
9.93달러
(2021년 4월 1일 종가 기준)

상장일(합병 마감일)
2021-03-22
(2023-03-22)

주관사
골드만삭스,
크레디트 스위스

NGCA

유닛(NGCAU) 1주 = 보통주(NGCA) 1주 + 워런트(NGCAW) 1/5주, 행사가 $11.5(1:1)

전기 트럭 제조사인 엑소스(XOS)의 인수합병을 발표한 넥스트젠 어퀴지션의 두 번째 스팩이다. 특정 섹터를 한정하고 있지는 않지만 공동 창립자 겸 공동의장의 전문성을 최대한 활용할 수 있는 산업, 테크, 헬스케어 섹터에서 집중적으로 기업을 찾고 있다.

스팩 평가

조지 N. 맷슨(출처: bizjournals.com)

• **리더십**: 공동의장 조지 N. 맷슨(George N. Mattson)은 골드만삭스의 글로벌 산업 그룹의 공동 책임자를 역임했다. 자동차, 항공 우주 및 방위, 일반 산업, 그리고 운송 및 인프라 섹터 등에서 약 1,000개의 기업과 관계를 개발 및 유지하고 거래 관련 자문을 하는 곳이다. 재임 기간 동안 기업 합병 부문에서 지속적으로 시장 점유율 1위를 달성했으며 기업 및 재무 후원 고객과 깊은 전략적 관계를 구축했다. 그리고 미국 3대 메이저 항공사인 델타항공, 프랑스 국영항공사인 에어프랑스 – KLM, 민간 우주 탐사 기업인 버진 갤럭틱의 이사 경력 등도 보유하고 있다.

또 다른 공동의장 그레고리 섬머(Gregory Summe)는 헤지펀드인 글렌 캐피털 파트너스(Glen Capital Partners)의 창립자이다. 그는 생명 과학기업인 퍼킨엘머(PerkinElmer)의 최고경영자를 역임하면서 40건 이상의 매각 및 인수를 통해 S&P500 대비 350% 이상 높은 총 주주 수익률을 달성했다. 그전에는 항공우주, 자동차 및 엔지니어링 회사인 얼라이드 시그널(Allied Signal)의 사장 등을 역임하기도 했다.

• **스팩 상장 이력 등**: 두 사람은 2020년 7월, 넥스트젠 어퀴지션(NextGen Acquisition Corporation)을 설립했으며, 2021년 2월 전기 트럭 제조사인 엑소스(XOS)를 인수합병한다고 발표했다. 합병발표 직후 주가는 공모가 대비 40% 급등했다. 하지만 불행하게도 합병 발표 시점과 미국 조정장 진입 시점과 겹치면서 주가는 크게 하락하며 다시 공모가 인근까지 내려온 상황이다. 그렇지만 시장에서 관심이 매우 높은 유망 전기 트럭 스타트업을 빠르게 찾아서 치열한 경쟁을 뚫고 인수합병 계약까지 체결했다는 점은 높이 평가할 만하다.

• **투자 플랫폼 등**: 첫 번째 스팩의 인수합병 발표 후 한 달 만에 이번 두 번째 스팩이 바로 상장되었다. 추정해보면 엑소스를 발굴하는 과정에서 광범위한 실사 및 네트워크를 활용해서 다양한 인수합병 대상이 이미 검토되었을 것이다. 두 사람의 경력을 고려했을 때 시장의 주목을 받을 수 있는 자동차 또는 항공우주 관련 기업을 찾길 기대해본다.

트라이브 캐피털 그로스 코퍼레이션 I

Tribe Capital Growth Corp I

기본 정보

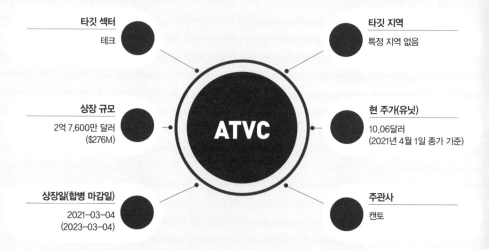

타깃 섹터
테크

타깃 지역
특정 지역 없음

상장 규모
2억 7,600만 달러
($276M)

현 주가(유닛)
10.06달러
(2021년 4월 1일 종가 기준)

상장일(합병 마감일)
2021-03-04
(2023-03-04)

주관사
캔토

ATVC

유닛(ATVCU) 1주 = 보통주(ATVC) 1주 + 워런트(ATVCW) 1/4주, 행사가 $11.5(1:1)

테크 섹터에서 현재 고성장의 변곡점에 위치하고 있어, 향후 혁신의 물결을 만들 수 있는 기술 중심의 회사를 찾는 스팩이다. 벤처 캐피털인 트라이브 캐피털 매니지먼트(Tribe Capital Management)와 투자자문회사인 애로우 캐피털(Arrow Capital)이 스팩을 지원하고 있다.

스팩 평가

 아르준 세티(출처: https://www.salt.org)

- **리더십**: 아르준 세티(Arjun Sethi)는 현재 실리콘밸리의 최고 엔젤투자자 중 한 명이며, 벤처캐피털인 트라이브 캐피털 매니지먼트(Tribe Capital Management)의 공동 창업자이다. 차마스의 벤처캐피털인 소셜 캐피털(Social Capital)의 파트너였고, 포털 사이트 기업인 야후(Yahoo)가 인수한 두 번째 회사인 메시지미(MessageMe)의 공동 창립자 겸 전 최고경영자이다. 메시지미의 인수 일환으로 그는 야후의 경영진에 합류하기도 했다. 그전에는 모바일 게임 앱 회사인 롤앱스(LOLapps)를 크게 성장시켜 넥슨의 자회사에 매각하기도 했다. 정리하면, 실리콘밸리에서 10년 이상의 경험을 가진 성공한 투자자 겸 기업가이다.

- **투자 플랫폼**: 10억 달러(1조 1,000억 원) 이상의 자산을 운용하고 있는 벤처캐피털 회사인 트라이브 캐피털 매니지먼트와 투자자문회사인 애로우 캐피털(Arrow Capital)의 지원을 받고 있다. 두 회사는 각 회사의 이름을 결합하여 트라이브 애로우 홀딩스 I(Tribe Arrow Holdings I)라는 새로운 회사를 설립하였고, 두 회사가 보유한 다양한 경험과 네트워크를 결합하여 향후 고성장이 가능한 기술 기업을 찾고 있다.

- **시너지 효과 등**: 스팩을 지원하는 애로우 캐피털(Arrow Capital)은 두바이에 기반을 두고 있으며, 중동지역에서 빠르게 성장하고 있는 투자자문회사이다. 그리고 스팩의 경영진에도 두바이의 주요 투자회사 중 하나인 다만 인베스트먼트(Daman Investments)의 거래 구조 관련 자문 총책임자 출신도 있기 때문에 유망 인수합병 기업을 찾는다면 중동 오일 머니가 유입될 가능성도 커 보인다.

헬스케어 섹터는 테크 섹터 다음으로 큰 시장으로 의료 장비·서비스, 헬스케어 시설, 제약 및 생명공학 등으로 크게 나눌 수 있다.

미국은 매년 4조 달러를 헬스케어 시장에 지출하고 있지만, 미국의 의료 시스템은 환자들에게 긍정적인 경험을 제공해 주지 못하고 있다. 이런 상황에서 환자를 중심으로 한 의료, 생명 과학 및 기술이 결합하면서 현재 시스템의 비효율성은 개선이 되고 있다. 그리고 해당 섹터에서는 엄청난 비즈니스 기회와 가치가 새롭게 창출되고 있다. 예를 들어 원격 의료회사인 텔라닥(Teladoc)과 암웰(Amwell) 및 의약품 가격 비교 업체 굿알엑스(GoodRx) 등 헬스케어와 기술이 결합된 회사들이 성공적으로 상장되며 시장의 큰 주목을 받았다.

현재 전 세계적으로 46개의 헬스케어 유니콘 기업이 존재한다. 스팩을 통한 상장을 기대하며, 유망한 헬스케어 스팩을 찾아 미리 씨앗을 심어보자.

05

헬스케어 섹터 TOP 3

급성장하는 의료시장을 선도할
가장 유망한 스팩주 선별

컴퓨트 헬스 어퀴지션

Compute Health Acquisition Corp.

기본 정보

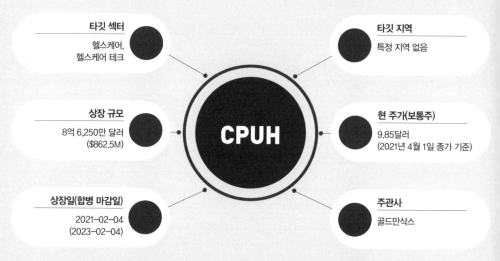

타깃 섹터
헬스케어,
헬스케어 테크

타깃 지역
특정 지역 없음

상장 규모
8억 6,250만 달러
($862.5M)

현 주가(보통주)
9.85달러
(2021년 4월 1일 종가 기준)

상장일(합병 마감일)
2021-02-04
(2023-02-04)

주관사
골드만삭스

CPUH

유닛(CPUH.U) 1주 = 보통주(CPUH) 1주 + 워런트(CPUH WS) 1/4주, 행사가 $11.5(1:1)

의료와 기술이 결합한 혁신으로 환자들에게 더 나은 진료 서비스가 제공되기 시작했고, 향후 10년 동안 더욱 확대될 것이다. 특히, AI와 컴퓨터 능력이 향상되는 시대를 대비해 헬스케어와 계산(Computation)이 결합된 기업을 찾고 있는 스팩이다.

스팩 평가

오마르 아이쉬락(출처: moneyinc.com)

- **리더십**: 현 인텔 이사회 의장 오마르 아이쉬락(Omar Ishrak)이 만든 스팩이다. 세계 1위 의료기기 기업 매드트로닉(Medtronic)와 GE 헬스케어의 최고경영자를 역임한 오마르 아이쉬락은 헬스 테크 섹터에서 유명 인사 중 한 명이다.

- **외부 투자**: 그에 대한 기대감 때문인지 스팩 상장 전부터 사우디아라비아 국부펀드인 PIF(The Public Investment Fund)로부터 최대 749만 9,999주, 매드트로닉 LLC로부터 최대 150만 주에 대한 매수 의향을 확보했다. 법적 구속력이 있는 사항이 아니었지만 실제로 2021년 2월 18일 사우디아라비아 국부펀드인 PIF는 749만 9,999주를 매수했다.

PIF의 투자 현황을 보면 영국에서 가장 빠르게 성장 중인 의료 스타트업 '바빌론 헬스(Babylon)'가 있는데 헬스케어 섹터에서 유일하게 투자한 기업이다. 그리고 2월 24일 블룸버그발로 스팩회사는 공개되지 않았지만 바빌론 헬스의 스팩 상장 가능성에 대해서는 보도하기도 했다. 물론 우연의 일치일 수도 있기 때문에 유니콘 기업인 바빌론 헬스를 인수합병한다고 장담할 수는 없다. 그렇기 때문에 실제로 인수합병 발표가 있기 전까지는 인수합병 관련 루머/소식은 스팩투자의 재미 요소 수준으로만 받아들이면 될 것이다.

- **시장 기회 등**: 현재 헬스케어 섹터의 유니콘 기업은 바빌론 헬스를 포함해서 약 40여 개가 존재한다. 해당 섹터에서 가장 우수한 리더십을 보유한 스팩 중 하나이기 때문에 인내심을 갖고 기다린다면 의료 혁신 유니콘 기업 중 한 곳을 발굴할 가능성이 크다고 생각한다.

레볼루션 헬스케어 어퀴지션

Revolution Healthcare Acquisition Corp.

기본 정보

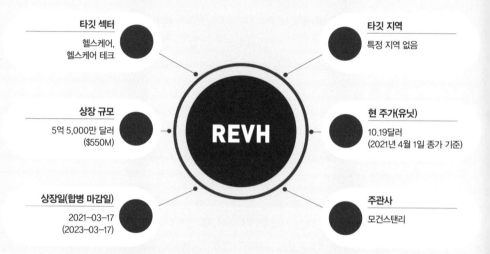

타깃 섹터
헬스케어,
헬스케어 테크

타깃 지역
특정 지역 없음

상장 규모
5억 5,000만 달러
($550M)

현 주가(유닛)
10.19달러
(2021년 4월 1일 종가 기준)

상장일(합병 마감일)
2021-03-17
(2023-03-17)

주관사
모건스탠리

REVH

유닛(REVHU) 1주 = 보통주(REVH) 1주 + 워런트(REVHW) 1/5주, 행사가 $11.5(1:1)

헬스케어, 생명과학 그리고 기술이 결합된 유망 기업을 발굴하여, 환자에 대한 의료 서비스를 재설계하려는 스팩이다. 의료는 미국 경제의 가장 큰 부문 중 하나로, 두 벤처캐피털 회사인 아치 벤처 파트너스(Arch Venture Partners)와 제너럴 캐탈리스트(General Catalyst)와 함께 의료 분야에 혁신을 가져올 유망 기업을 찾고 있다.

스팩 평가

 제프 레이든 (출처: investors.com)

- **리더십**: 제프 레이든(Jeff Leiden)은 나스닥 상장기업인 바이오 제약회사 버택스 파마슈티컬(Vertex Pharmaceuticals)의 최고경영자 및 사장을 역임했으며, 현재는 회장(Executive Chairman) 역할을 맡고 있다. 또한, 뉴욕증권거래소 상장기업인 제약회사 애보트 레버러토리(Abbott Laboratories)의 사장 겸 최고운영책임자 및 최고과학책임자를 역임하며 애보트의 글로벌 제약 사업을 지휘하기도 했다.

- **투자 플랫폼**: 초기 단계 및 성장 투자에 중점을 둔 두 벤처캐피털 회사인 아치 벤처파트너스(Arch Venture Partners)와 제너럴 캐탈리스트(General Catalyst)지원을 받고 있다. 두 회사는 기술, 생명공학 및 생명과학 전반에 걸쳐 새롭고 광범위한 플랫폼을 구축했다. 세포 면역 치료제 개발사 주노(Juno), 바이오 기업 버택스 파마슈티컬(Vertex Pharmaceuticals), 암 검진 전문업체 그레일(GRAIL), 원격의료회사 리봉고(Livongo) 등 다양한 헬스케어 관련 기업뿐만 아니라 미국 숙박 공유 서비스 회사 에어비엔비(Airbnb), 온라인 결제 업체 스트라이프(Stripe), 인슈어 테크 기업 레모네이드(Lemonade) 등 기술 관련 기업에도 투자한 경험과 관련 산업 네트워크를 가지고 있다. 따라서 두 회사의 투자 플랫폼을 활용하여 타깃 섹터 내에서 유망 선도 기업을 찾을 수 있을 것이다.

- **성과 기반 인센티브 등**: 일반적인 스팩의 인센티브 구조는 스팩의 실적과는 관계가 없기 때문에 일반 투자자의 이해관계와 맞지 않을 수 있다. 하지만 해당 스팩은 SAILSM으로 지칭하는 주가 기반 성과 인센티브 구조를 도입했기 때문에 일반 투자자 입장에서는 스팩의 경영진을 더 믿고 신뢰할 수 있다. 다시 말해, 스팩의 경영진이 보상을 받으려면 주가가 상승해야 하기 때문에 일반 투자자와 이해관계가 일치한다는 것이다.

라자드 그로스 어퀴지션 I

LAZARD GROWTH ACQUISITION CORP. I

기본 정보

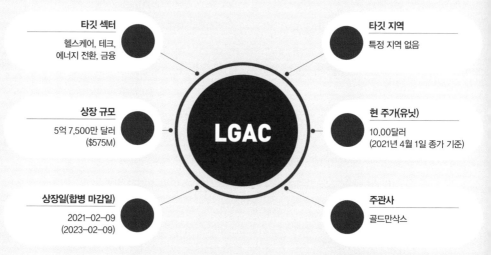

타깃 섹터
헬스케어, 테크,
에너지 전환, 금융

타깃 지역
특정 지역 없음

상장 규모
5억 7,500만 달러
($575M)

현 주가(유닛)
10.00달러
(2021년 4월 1일 종가 기준)

상장일(합병 마감일)
2021-02-09
(2023-02-09)

주관사
골드만삭스

유닛(LGACU) 1주 = 보통주(LGAC) 1주 + 워런트(LGACW) 1/5주, 행사가 $11.5(1:1)

헬스케어, 기술, 에너지 이동, 금융 등 성장 중심의 섹터에서 유망 기업을 찾는 스팩이다. 이를 위해 세계적인 금융자문 및 자산관리회사인 라자드(Lazard)의 투자 플랫폼을 활용하고 있다.

스팩 평가

 알렉산더 스턴(출처: linkedin.com)

• **리더십**: 알렉산더 스턴(Alexander Stern)은 세계 최고의 금융자문회사 중 하나인 라자드(LAZARD)의 현 사장이다. 그는 라자드 금융자문 사업의 최고경영자, 라자드의 최고운영책임자, 글로벌 전략책임자 등을 역임했으며, 특히 테크 섹터에서 고객들의 성장과 가치 창출을 주도해 온 검증된 리더십을 보유하고 있다.

• **투자 플랫폼**: 라자드(LAZARD)는 북미, 유럽, 아시아, 호주, 중남미 등 25개국 40개 도시에서 활동하고 있다. 250명 이상의 투자 전문가가 약 2,590억 달러(285조 원)의 자산을 운용하고 있고, 전 세계 1,500개 이상의 투자기관과 관계를 구축하고 있다. 상상을 초월하는 규모이다. 물론 규모가 크다고 무조건 유망 기업을 찾는 것은 아니다. 하지만 다른 스팩과 확실히 차별화될 만큼 방대한 투자 경험과 네트워크를 가지고 있어, 확률적으로 성공적인 인수합병이 이루어질 가능성이 크다고 생각한다.

• **타깃 섹터 등**: 헬스케어 섹터를 언급하고 있다. 하지만 라자드의 투자 플랫폼 규모를 고려할 때 유망 기업 여부에 초점을 맞춰 섹터를 한정하지 않고, 포괄적으로 검토가 진행될 것으로 판단된다. 스팩 명칭은 '라자드 그로스 어퀴지션 I'로 '라자드'와 숫자 'I'이 눈에 들어온다. 숫자 'I'이 명기된 것을 보면 라자드 또한 두 번째, 세 번째 스팩을 상장할 것으로 보인다. 그래서 첫 번째 스팩이 갖는 상징성과 의미를 고려했을 때 라자드의 이름과 명성에 걸맞은 회사를 찾길 기대해본다.

이스라엘은 세계에서 가장 빠르게 성장하고 있는 기술 혁신 허브 중 하나로 1인 당 세계 최대 규모의 스타트업을 보유한 국가이다.

이스라엘 스타트업들의 80% 이상은 자국이 아닌 북미 시장 등 전 세계를 대상으로 사업을 시작하고 10억 달러 이상의 유니콘 기업들까지 많이 배출하고 있어 글로벌 투자 기업들에게는 매력적인 투자처이다.

최근 이스라엘 스타트업들이 스팩을 통해 미국 시장에 상장을 하고 있기 때문에 앞으로 더 많은 이스라엘 유망 스타트업들이 지금 조달을 위해 스팩 상장을 추진할 것으로 보인다.

06

이스라엘 기업 타깃 스팩주 TOP 3

글로벌 투자자들이 주목하는 이스라엘
유망 스팩주 엄선

BYTE 어퀴지션

BYTE Acquisition Corp.

기본 정보

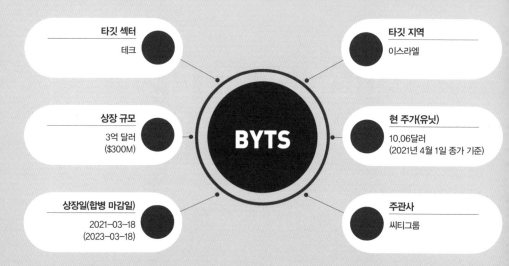

타깃 섹터
테크

타깃 지역
이스라엘

상장 규모
3억 달러
($300M)

현 주가(유닛)
10.06달러
(2021년 4월 1일 종가 기준)

BYTS

상장일(합병 마감일)
2021-03-18
(2023-03-18)

주관사
씨티그룹

유닛(BYTSU) 1주 = 보통주(BYTS) 1주 + 워런트(BYTSW) 1/2주, 행사가 $11.5(1:1)

이스라엘 테크놀로지 섹터에 중점을 둔 스팩이다. 특히 사이버 보안, 자동차 기술, 핀테크, 엔터프라이즈 소프트웨어, 클라우드 컴퓨팅, 반도체, 의료 기술, AI 및 로봇 공학 분야에서 혁신적이고 성장성이 높은 이스라엘 테크놀로지 기업을 찾고 있다.

스팩 평가

코비 로젠가르텐 (출처: globes.co.il)

- **리더십**: 이사회 의장인 코비 로젠가르텐(Kobi Rozengarten)은 반도체, 클라우드 컴퓨팅 및 엔터프라이즈 소프트웨어 등 테크 섹터에서 35년 이상의 투자 및 관리 경력을 보유하고 있다. 15억 달러(1조 6,000억 원)의 자산을 운용 중인 이스라엘의 대표적인 벤처캐피털 회사인 예루살렘 벤처 파트너스(Jerusalem Venture Partners)의 매니저 파트너를 역임하며 25개 이상의 거래를 주도했고, 현재 다양한 스팩의 스폰서로도 활동하고 있다.

최고경영자인 대니 야민(Danny Yamin)은 이스라엘 최대 결제·금융 서비스 업체인 이스라카드(Isracard) 현 이사이며, 마이크로소프트에서 16년간 근무하며 마이크로소프트 이스라엘의 국가 메니저 및 마이크로소프트 중화권 부사장 등을 역임했다. 이스라엘 주요 금융 일간지는 그를 이스라엘 하이-테크 부문 TOP 10 인플루언서 중 한 명으로 선정하기도 했다.

- **투자 플랫폼**: 스팩의 경영진과 이사진을 보면 이스라엘의 테크놀로지 리더와 경영자 및 다국적 금융, 투자은행의 임원들로 구성되어 있다. 테크놀로지 회사를 운영하고 성장시키는 데 있어 다양한 경험과 전문 지식을 가지고 있을 뿐만 아니라 50개 이상의 기업공개(IPO) 및 인수합병 거래까지 추진하였다. 이를 통해 이스라엘 테크 생태계에서 광범위한 네트워크 및 관계를 구축하게 되었고, 이는 인수합병 대상 기업을 찾는 데 중요한 자원으로 활용될 것이다.

- **인수합병 기간 등**: 이스라엘 섹터 스팩 중에서 최근에 상장된 스팩이기 때문에 인수합병 대상 기업을 찾는 데 시간이 상대적으로 더 필요할 것으로 보인다. 하지만 이스라엘 테크 기업을 전문으로 찾는 유니크한 스팩이기 때문에 이스라엘 테크 기업에 관심 있는 투자자라면 미리 씨앗을 심고 기다릴 가치가 있는 스팩이라고 생각한다.

버건디 테크놀로지 어퀴지션

Burgundy Technology Acquisition Corp.

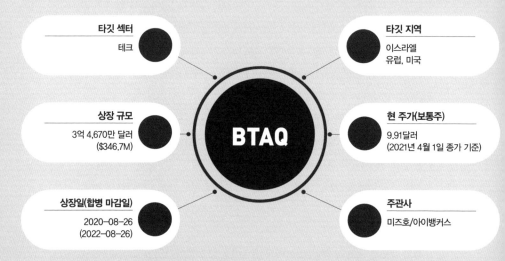

타깃 섹터	타깃 지역
테크	이스라엘 유럽, 미국

BTAQ

상장 규모	현 주가(보통주)
3억 4,670만 달러 ($346.7M)	9.91달러 (2021년 4월 1일 종가 기준)

상장일(합병 마감일)	주관사
2020-08-26 (2022-08-26)	미즈호/아이뱅커스

유닛(BTAQU) 1주 = 보통주(BTAQ) 1주 + 워런트(BTAQW) 1/2주, 행사가 $11.5(1:1)

장기적인 가치를 창출할 수 있는 최고 수준의 테크놀로지 회사를 찾고 있는 스팩이다. 특히, 엔터프라이즈·소프트웨어 또는 테크놀로지 지원 서비스 기업을 찾는데 집중하고 있다.

스팩 평가

 레오 아포테커(출처: burgundytechnology.com)

- **리더십**: 테크놀로지 섹터에 특화된 스팩으로, 경영진과 이사진을 보면 미국, 유럽에서 이름만 들어도 알 수 있는 유명 기업들을 운영하고 투자한 화려한 경력들을 보유하고 있다. 특히, 미국 대표 컴퓨터 제조/판매회사인 HP(Hewlett-Packard) 및 독일 엔터프라이즈 소프트웨어 제공업체인 SAP의 전 최고경영자 및 사장을 역임한 레오 아포테커(Leo Apotheker)의 리더십에 대한 기대가 크다. 물론, 그는 HP에서 경영 실패로 10개월 만에 물러났지만 이것으로 그의 기술 산업에 대한 폭넓은 경험 및 상장기업 등에서의 모든 커리어를 부정하고 싶지는 않다.

- **타깃 섹터**: 스팩은 미국, 유럽뿐만 아니라 이스라엘을 타깃 지역으로 포함하고 있다. 이것은 이스라엘이 세계 최고의 스타트업 허브이기 때문에 좋은 테크놀로지 기업이 많기도 한 것이지만 레오 아포테커가 18세에 이스라엘로 이주하고 예루살렘 히브리 대학까지 나온 출신 배경이 작용한 것으로 보인다. 그리고 이스라엘 텔아비브 대학 출신도 이사진에 포함되어 있다.

- **인수합병 루머 등**: 2021년 초 스팩은 이스라엘 전기차 플랫폼 개발 회사인 리오토(REE AUTO)와의 루머로 주목을 받았으나, 사실이 아닌 것으로 확인이 됐다. 그리고 전기차 5분 충전 배터리 기술을 보유한 이스라엘 스타트업 스토어닷(Storedot)과도 루머가 있었지만, 아직 사실 여부가 확인되지 않았다.
최종적으로, 어떤 국가의 테크 기업을 찾을지 모르겠지만 첫 번째 소개 스팩인 BYTE 어퀴지션과 더불어 이스라엘 기업에 관심 있는 투자자라면 지켜볼 만한 가치가 있다고 생각한다.

골든 팔콘 어퀴지션

Golden Falcon Acquisition Corp.

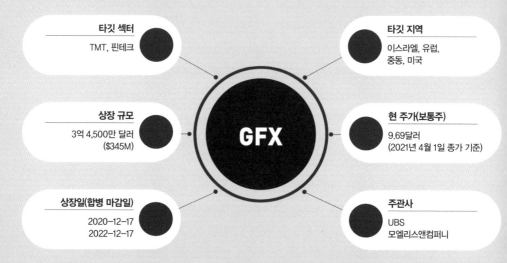

타깃 섹터	타깃 지역
TMT, 핀테크	이스라엘, 유럽, 중동, 미국

GFX

상장 규모	현 주가(보통주)
3억 4,500만 달러 ($345M)	9.69달러 (2021년 4월 1일 종가 기준)

상장일(합병 마감일)	주관사
2020-12-17 2022-12-17	UBS 모엘리스앤컴퍼니

유닛(GFX.U) 1주 = 보통주(GFX) 1주 + 워런트(GFX WS) 1/2주, 행사가 $11.5(1:1)

이스라엘, 유럽, 중동 또는 북미에 본사를 둔 TMT(테크, 미디어, 통신) 및 핀테크 분야에서 활동하는 기업을 타깃으로 하는 스팩이다. 타깃 섹터와 타깃 지역에 접근할 수 있는 다양한 경험과 네트워크를 보유하고 있는 투자 자문사인 풀 서클 캐피털(Full Circle Capital)의 경영 자원이 활용되고 있다.

스팩 평가

 마크람 아자르(출처: goldenfalconcorp.com)

- **리더십**: 최고경영자 마크람 아자르(Makram Azar)는 30년 이상의 투자은행 및 사모펀드 경력을 보유하고 있다. 투자은행 리먼 브라더스, 바클레이즈 은행, 사모펀드 KKR 등에서 임원을 역임하였고 투자 자문사 풀서클캐피털(Full Circle Capital)을 설립하였다.

경영진 및 이사진은 대기업, 사모펀드, 벤처 및 성장 자본펀드, 국부펀드 등의 다양한 섹터에서 근무한 경험을 가지고 있다. 440개 이상의 거래를 추진하였고, 그 규모는 5,500억 달러(605조 원)가 넘는다. 스타급 경영진까지는 아니지만 풍부한 실무 경험과 다양한 네트워크를 보유하고 있기 때문에 타깃 기업을 찾는 데 큰 도움이 될 것으로 보인다.

- **타깃 섹터**: 이스라엘을 타깃 지역으로 하는 몇 개 안 되는 스팩 중 하나이고, 실제로 이스라엘 테크 기업에 투자한 경험도 보유하고 있다. 이스라엘을 타깃으로 하는 이유는 해당 지역에 대한 접근 가능성뿐만 아니라, 저평가된 기술 혁신 기업들이 많고 해당 기업들을 찾는데 경쟁이 상대적으로 낮다고 판단하고 있기 때문이다. 동일한 이유로 이스라엘 외 유럽, 중동 지역 또한 타깃 지역에 포함되어 있다.

- **과거 이력 등**: 다만, 스팩을 지원하는 풀서클캐피털은 영국 기반이고, 대다수 경영진의 커리어도 유럽이다 보니 이스라엘 기업보다는 상대적으로 유럽 기업이 될 가능성이 좀 더 커 보인다. 이스라엘 기업을 찾고 있는 투자자라면 이런 부분 또한 인지하고 투자 의사결정을 하기를 바란다.

주린이가 반드시 기억해야 할 스팩투자 십계명

스팩에 투자하기 위해서는 다음과 같은 사항을 기억해야 한다.

먼저 스팩에 대한 기본적인 이해와 스팩주에 대한 특징을 알고 투자해야 한다. 대표적으로는 투자자 리스크(매수가－공모가)를 최대한 줄여서 잃지 않는 투자를 하기 위해서는 최대한 공모가 10달러 인근에서 매수하는 것이 좋다. 스팩은 인수합병이 이뤄지기 전까지는 주가의 변동성이 크기 때문에 출처가 없는 소문이나 루머에 매수해서는 안 된다. 대다수가 가짜일 확률이 높기 때문에 프리미엄까지 주면서 매수하여 리스크를 높이지 말아야 한다.

스팩주는 합병비율이 아닌 인수합병 대상 기업의 기업가치(EV)로 주가의 적정성을 판단해야 하는데, 스팩 1주는 피인수기업의 1주로 교환되기 때문에 기업가치가 얼마로 책정되는지가 중요하다. 유망 기업에 대한 기대감보다는 인수합병 대상 기업의 실적에 중점을 두는 것이 좋다. 매출액이나 이익이 너무 미래 지향적인 경우에는 조심할 필요가 있다.

유망한 기업을 합병 발표한 스팩도 급등한 후에는 거의 대다수 하락하는 패턴을 보이기 때문에 합병 발표 이벤트로 주가가 급등한 스팩에는 바로 올라타지 않는 것이 좋다. 합병 발표 또는 최종 합병 이벤트 중심으로 주가가 움직이므로 횡보기간을 견딜 줄 알아야 한다. 스팩투자는 농부의 마음으로 결실을 거둘 때까지 인내심을 갖고 기다려야 한다.

스팩투자 십계명

1. 스팩에 대한 기본 이해와 특징을 알고 투자를 시작한다.

2. 리더십이 우수한 스팩을 선택한다.

3. 최대한 공모가 10달러 인근에서 매수한다.

4. 출처가 없는 소문/루머에 매수하지 않는다.

5. 농부의 마음으로 인내심을 갖고 기다린다.

6. 합병비율이 아닌 인수합병 대상 기업의 기업가치(EV)로 주가의 적정성을 판단한다.

7. 유망 기업에 대한 기대감보다는 인수합병 대상 기업의 실적에 중점을 둔다.

8. 합병 발표 이벤트로 주가가 급등한 스팩에는 바로 올라타지 않는다.

9. 인수 합병 발표 후 진입하는 경우에는 반드시 여러 차례 나눠서 매수를 한다.

10. 공모가 상환 신청 기간 및 주주 투표일을 반드시 확인한다.

인수합병이 발표된 후에 진입하는 경우에는 반드시 여러 차례 나눠서 매수해야 한다. 합병 발표 후부터는 주가의 변동성이 커지기 때문에 분할 매수를 통해 리스크를 최소화하는 것이 좋다. 스팩주는 티커 변경 시점이 아닌 상환 권리행사 기간이 종료되거나 최종 합병 승인이 될 경우, 공모가 10달러 바닥은 사라지고 일반주식과 동일하게 주가는 위아래로 움직인다. 때문에 공모가 상환 신청 기간 및 주주 투표일을 반드시 확인한다.

이러한 사항들을 유념해서 스팩에 투자한다면 안전하고 수익을 높일 수 있는 투자가 가능할 것이다.

부록

SPAC JACKPOT

인수합병이 발표되면
곧바로 살펴봐야 할
섹터별
스팩주 모음

출처: 각 스팩별 투자자 프레젠테이션, 야후파이낸스, 스팩트랙

핀테크 섹터

(2021년 4월 9일 기준)

뉴욕증권거래소

티커

IPOE

본사: 미국 샌프란시스코
CEO: 앤서니 노토(Anthony Noto)

모바일 앱 하나로 개인대출, 신용카드, 학자금 대출, 모기지, 투자 및 뱅킹을 포함하는 금융 상품 모음을 제공한다.

현 주가

17.77달러

52주 최고가 **28.26달러**

예상 매출액(100만 달러)

| | 2021년 | 2022년 | 2023년 |
| 980 | 1,500 | 2,106 |

PSR

2021년	2022년	2023년
15.7배	10.2배	7.3배

뉴욕증권거래소

티커

BFT

Paysafe:

본사: 영국 런던
CEO: 필립 맥허그(Philip McHugh)

영국의 페이팔로 불리는 글로벌 결제 시스템 공급업체로, 특히 iGaming 분야에 특화되어 있다.

현 주가

13.87달러

52주 최고가 **19.57달러**

예상 매출액(100만 달러)

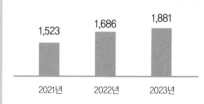

| 2021년 | 2022년 | 2023년 |
| 1,523 | 1,686 | 1,881 |

PSR

2021년	2022년	2023년
6.6배	5.9배	5.3배

핀테크 섹터

(2021년 4월 9일 기준)

나스닥

티커

FTOC

본사: 미국 뉴욕
CEO: 스콧 갈릿(Scott Galit)

글로벌 대금 수취 및 송금 관련 금융 솔루션 서비스 업체로, B2B/B2C 글로벌 상거래를 대상으로 한다.

현 주가

10.75달러

52주 최고가 **14.50달러**

예상 매출액(100만 달러)

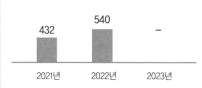

| 2021년 | 2022년 | 2023년 |
| 432 | 540 | – |

PSR

2021년	2022년	2023년
9.4배	7.6배	–

뉴욕증권거래소

티커

FGNA

OppFi⠞

본사: 미국 시카고
CEO: 자레드 카플란(Jared Kaplan)

소액 융자 핀테크 플랫폼 기업으로, 기존 금융 상품에 접근이 제한된 미국 일반 소비자들을 대상으로 한다.

현 주가

10.25달러

52주 최고가 **11.60달러**

예상 매출액(100만 달러)

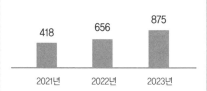

| 2021년 | 2022년 | 2023년 |
| 418 | 656 | 875 |

PSR

2021년	2022년	2023년
2.0배	1.3배	0.9배

인수합병이 발표되면 곧바로 살펴봐야 할 섹터별 스팩주 모음

지속가능성(Sustainability) 섹터

(2021년 4월 9일 기준)

뉴욕증권거래소

티커

STPK

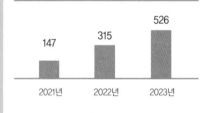

본사: 미국 밀브레
CEO: 존 캐링턴(John Carrington)

AI 기반 클린 에너지 저장 시스템 선두 업체로, 에너지 사용을 최적화할 수 있는 솔루션을 제공한다.

현 주가

31.14달러

52주 최고가 **51.49달러**

예상 매출액(100만 달러)

2021년	2022년	2023년
147	315	526

PSR

2021년	2022년	2023년
28.7배	13.4배	8.0배

뉴욕증권거래소

티커

TPGY

본사: 네덜란드 암스테르담
CEO: 크리스토프 베레누게(Kristof Vereenooghe)

네덜란드 전기 자동차 충전소 및 충전 관리 소프트웨어 회사로, 유럽 EV 충전 시장 1위 기업이다.

현 주가

18.10달러

52주 최고가 **34.28달러**

예상 매출액(100만 달러)

2021년	2022년	2023년
144	270	446

PSR

2021년	2022년	2023년
17.5배	9.3배	5.7배

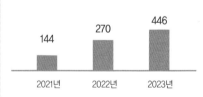

지속가능성(Sustainability) 섹터

나스닥

티커

ACTC

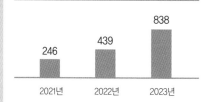

본사: 미국 골든
CEO: 잭 앨런(Jack Allen)

미국 전기 버스 및 충전 시스템 설계·제조회사로,
미국 전기버스 1위 기업이다.

현 주가

17.03달러

52주 최고가 **31.06달러**

예상 매출액(100만 달러)

2021년	2022년	2023년
246	439	838

PSR

2021년	2022년	2023년
16.6배	9.3배	4.9배

나스닥

티커

DCRB

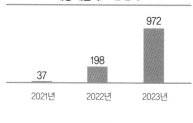

본사: 미국 뉴욕
CEO: 크레이그 나이트(Craig Knight)

대형 트럭, 버스 및 코치를 포함한 무공해 수소 연
료 전지 구동 상용 차량의 글로벌 공급 업체이다.

현 주가

10.64달러

52주 최고가 **19.95달러**

예상 매출액(100만 달러)

2021년	2022년	2023년
37	198	972

PSR

2021년	2022년	2023년
77.1배	14.4배	2.9배

테크 섹터

나스닥

티커

GHVI

본사: 미국 서니베일
CEO: RJ 피트먼(RJ Pittman)

공간 데이터 프롭테크(Prop Tech)회사로, 3D 카메라와 가상 공간 투어 플랫폼 서비스를 제공하고 있다.

현 주가

13.64달러

52주 최고가 **28.00달러**

예상 매출액(100만 달러)

2021년	2022년	2023년
123	202	323

PSR

2021년	2022년	2023년
32.3배	19.7배	12.3배

나스닥

티커

APXT

본사: 미국 저지시티
CEO: 톈이 장(Tianyi Jiang)

서비스형 소프트웨어 제공업체(SaaS)로, 마이크로소프트의 오피스 365 등 클라우드 솔루션 서비스를 제공하고 있다.

현 주가

12.22달러

52주 최고가 **17.90달러**

예상 매출액(100만 달러)

2021년	2022년	2023년
193	257	–

PSR

2021년	2022년	2023년
12.6배	9.5배	–

테크 섹터

(2021년 4월 9일 기준)

뉴욕증권거래소

티커

DMYI

본사: 미국 칼리지파크
CEO: 피터 채프먼(Peter Chapman)

유망 스타트업으로, 양자 컴퓨팅 하드웨어 및 소프트웨어를 연구/개발하고 있다.

현 주가

11.03달러

52주 최고가 **15.39달러**

예상 매출액(100만 달러)

2021년	2022년	2023년
5	15	34

PSR

2021년	2022년	2023년
439.7배	146.6배	64.7배

뉴욕증권거래소

티커

BOWX

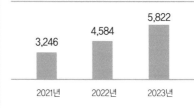

본사: 미국 뉴욕
CEO: 샌딥 매스라니(Sandeep Mathrani)

전 세계 비즈니스가 밀집된 지역에서 공유 오피스를 임대하는 기업이다.

현 주가

12.99달러

52주 최고가 **13.93달러**

예상 매출액(100만 달러)

2021년	2022년	2023년
3,246	4,584	5,822

PSR

2021년	2022년	2023년
3.2배	2.2배	1.8배

테크 섹터(우주항공)

(2021년 4월 9일 기준)

나스닥	나스닥
티커	티커
SRAC	**VACQ**

본사: 미국 산타클라라
CEO: 던 함즈(Dawn Harms)

우주선 제조 및 인공위성이나 우주 정거장에 물품을 운송 해주는 우주 운송기업이다.

본사: 미국 롱비치
CEO: 피터 백(Peter Beck)

로켓 제조 및 소규모 위성 발사 서비스를 제공하는 기업이다.

현 주가	현 주가
11.95달러	**11.10달러**
52주 최고가 **29.18달러**	52주 최고가 **15.15달러**

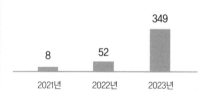

예상 매출액(100만 달러)

2021년	2022년	2023년
8	52	349

PSR

2021년	2022년	2023년
225.9배	34.7배	5.2배

예상 매출액(100만 달러)

2021년	2022년	2023년
69	176	267

PSR

2021년	2022년	2023년
77.7배	30.4배	20.1배

테크 섹터(우주항공)

(2021년 4월 9일 기준)

뉴욕증권거래소	뉴욕증권거래소
티커	티커
GNPK	**SFTW**

BLACK|SKY

본사: 미국 잭슨빌
CEO: 피터 칸니토(Peter Cannito)

항공 우주 제조업체 및 우주 인프라 기술 회사이다.

본사: 미국 헤른던
CEO: 브라이언 오툴(Brian O'Toole)

소형 위성 설계/제조 및 위성사진을 통한 데이터 분석 서비스를 제공하는 회사이다.

현 주가	현 주가
10.59달러	**10.16달러**
52주 최고가 **11.75달러**	52주 최고가 **17.47달러**

예상 매출액(100만 달러)

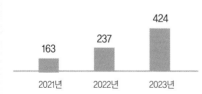

예상 매출액(100만 달러)

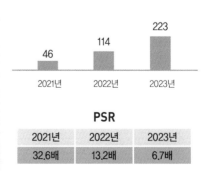

PSR

2021년	2022년	2023년
4.4배	3.0배	1.7배

PSR

2021년	2022년	2023년
32.6배	13.2배	6.7배

헬스케어 섹터

나스닥	뉴욕증권거래소
티커	티커
CMLF	**JWS**

CanoHealth

본사: 미국 스탬퍼드
CEO: 애릭 섀트(Eric Schadt)

AI 및 머신 러닝 기반 통합 게놈 데이터 플랫폼 회사로, 질병을 사전에 진단하고 관리할 수 있도록 데이터를 제공한다.

본사: 미국 마이애미
CEO: 말로 에르난데스(Marlow Hernandez)

시니어 층을 대상으로 한 헬스케어 서비스 회사로, 헬스케어 섹터에서 가장 빠르게 성장하는 회사 중 하나이다.

현 주가

15.00달러

52주 최고가 **27.18달러**

현 주가

13.14달러

52주 최고가 **17.43달러**

예상 매출액(100만 달러)

2021년	2022년	2023년
265	360	504

예상 매출액(100만 달러)

2021년	2022년	2023년
1,453	2,227	3,079

PSR

2021년	2022년	2023년
14.6배	10.7배	7.7배

PSR

2021년	2022년	2023년
4.2배	2.8배	2.0배

헬스케어 섹터

(2021년 4월 9일 기준)

나스닥

티커

CMIIU

본사: 미국 볼더
CEO: 로이 스마이스(Roy Smythe)

생명 공학 회사로, 단백질 바이오 마커 발견 및 임상 진단 플랫폼을 제공한다.

현 주가

12.98달러

52주 최고가 **14.78달러**

예상 매출액(100만 달러)

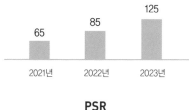

65	85	125
2021년	2022년	2023년

PSR

2021년	2022년	2023년
38.3배	29.3배	19.9배

나스닥

티커

AHAC

본사: 미국 모리즈빌
CEO: 로라 니클라슨(Laura Niklason)

보편적으로 이식 가능한 생체공학 인체 조직 및 기관을 만드는 임상단계 생명공학 플랫폼 기업이다.

현 주가

11.19달러

52주 최고가 **16.96달러**

예상 매출액(100만 달러)

–	–	–
2021년	2022년	2023년

PSR

2021년	2022년	2023년
–	–	–

인수합병이 발표되면 곧바로 살펴봐야 할 섹터별 스팩주 모음

이스라엘 섹터

나스닥

티커

FTCV

본사: 이스라엘 텔아비브
CEO: 요니 아시아(Yoni Assia)

해외 주식 및 암호화폐 거래 플랫폼 회사이다.

현 주가

14.48달러

52주 최고가 **15.70달러**

예상 매출액(100만 달러)

2021년	2022년	2023년
1,018	1,196	1,552

PSR

2021년	2022년	2023년
14.8배	12.6배	9.7배

나스닥

티커

SAII

본사: 이스라엘 텔아비브
CEO: 벤 볼코(Ben Volkow)

자동차 회사용 데이터 서비스 플랫폼 기업으로, 커넥티드카의 데이터를 수집한 후 재가공하여 판매하는 회사이다.

현 주가

10.17달러

52주 최고가 **11.60달러**

예상 매출액(100만 달러)

2021년	2022년	2023년
3	24	98

PSR

2021년	2022년	2023년
477.3배	59.7배	14.6배

이스라엘 섹터

(2021년 4월 9일 기준)

뉴욕증권거래소

티커

IACA

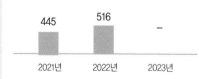

본사: 미국 뉴욕
CEO: 아담 싱골다(Adam Singolda)

세계 최대 규모의 디스커버리 플랫폼 회사로, 유저 관심사 기반의 광고를 제공한다.

현 주가

10.16달러

52주 최고가 **14.78달러**

예상 매출액(100만 달러)

445	516	–
2021년	2022년	2023년

PSR

2021년	2022년	2023년
5.9배	5.1배	–

뉴욕증권거래소

티커

TBA

본사: 이스라엘 텔아비브
CEO: 토머 바 지브(Tomer Bar-Zeev)

세계적 규모의 모바일 앱 수익화 통합 광고 플랫폼을 제공하고 있는 이스라엘의 대표적인 IT 기업이다.

현 주가

10.25달러

52주 최고가 **13.19달러**

예상 매출액(100만 달러)

455	622	–
2021년	2022년	2023년

PSR

2021년	2022년	2023년
24.9배	18.2배	–

인수합병이 발표되면 곧바로 살펴봐야 할 섹터별 스팩주 모음

TO THE MOON